Histoire

de

Lurcy-Lévy

PAR

RÉGIS TOURNERIS

Secrétaire de L'UNION FRANÇAISE pour le Sauvetage de l'Enfance

« Le collecteur peut n'être qu'un simple ouvrier ; des mains plus habiles mettront un jour en œuvre le fruit de son labeur ; les pierres qu'il a dégrossies entreront dans la construction de quelque édifice digne d'attirer les regards. »

(*Comte Jobert.*)

MOULINS

P. CHARMEIL, IMPRIMEUR-ÉDITEUR, 32, RUE DE DÉCEMBRE

1898

HISTOIRE DE LURCY-LÉVY

Jeudi 22 Décembre 1932

LLIER

Chèques postaux : Clermont-Ferrand N° 11[illegible]

R. C. n° 663

Pour la publicité extra-régionale, s'adresser à l'AGENCE HAVAS, [illegible], rue de Richelieu, PARIS, et dans toutes ses succursales

L'IDÉE ET LE RÉEL

par Jacques Chevalier (1)

[illegible]

Dimanche 11 Juin 1933

[illegible]R

Chèques postaux : Clermont-Ferrand N° 11[illegible]

R. C. n° 663

[illegible], s'adresser à l'AGENCE HAVAS, PARIS, et dans toutes ses succursales

FEUILLETS DU TERROIR

Danses bourbonnaises

Dans tous les pays du monde, la danse a permis à l'esprit populaire les plus [illegible] manifestations. Nos provinces offrent une très grande variété de pas divers et le Bourbonnais, plus pauvre peut-être que beaucoup d'autres, réserve cependant à l'amateur de folklore quelques observations intéressantes à ce sujet.

[illegible]

Mardi 13 Juin 1933

[illegible]R

Chèques postaux : Clermont-Ferrand N° 11[illegible]

R. C. n° 663

[illegible], s'adresser à l'AGENCE HAVAS, PARIS, et dans toutes ses succursales

FEUILLETS DU TERROIR

Danses bourbonnaises

— Suite et fin —

A côté de la bourrée, les bals anciens connaissaient à coup sûr plusieurs danses imitées de danses nobles ou bourgeoises dont le souvenir n'a pas été conservé. D'autres danses étaient issues des montagnardes et des branles répandus dans une grande partie de la France. Les renseignements qui nous en sont parvenus sont malheureusement trop imprécis. Peut-être en retrouve-t-on l'écho dans la [illegible], danse encore très répandue sous le second Empire dans les régions voisines du Berri, et dans le chiberli qui paraît aussi venu du Berri. Le chiberli est à deux temps, d'un rythme simple. On chante sur son air :

[illegible]

FEUILLETS DU TERROIR

Devinettes bourbonnaises

Le temps des longues veillées d'hiver est propice à l'évocation des usages populaires. Les jeux et les dits d'autrefois disparaissent peu à peu chez nous comme dans les autres provinces. Pourtant, autour du feu, sous la lampe, les grands-pères, que les jeunes gens désabusés déjà, [illegible] de « vieux gargots », content toujours des légendes aux petits enfants et suscitent leur étonnement en leur proposant devinettes et calembours.

Certes, les délicats feront la moue et trouveront que de bien faibles fadaises suffisent à l'amusement du laboureur bourbonnais. Heureux les simples dont le rire fuse de bon cœur aux naïfs rapprochements qu'offrent les objets les plus familiers.

Les devinettes suivantes ont cours encore dans la région de Bourbon-l'Archambault :

Qu'est-ce qui a cent pores, [illegible] et qui n'a pas [illegible] ?

— Le van à bras.

Qu'est-ce qui fait le tour de la maison et qui va se cacher dans un petit coin ?

— Le balai.

Qu'est-ce qui a un œil au bout de la queue ?

— La poêle à frire.

Qu'est-ce qui a peur quand on entre à la maison ?

— Le chanteau du pain.

Qu'est-ce qui [illegible] des dents quand on entre dans une maison ?

— Le [illegible] (chandelier).

Une petite vache noire rentre dans une ferme et en sort toutes les vaches rouges. Qu'est-ce que c'est ?

— La pousse qui sort les braises du four.

Qu'est-ce qu'on lance blanc et qui retombe jaune ?

— Un œuf.

[illegible]

Quelle est la sainte qui n'a pas besoin de lanternes ?

— Sainte Sébastienne. (Elle has se éclaire.)

[illegible]

Nou rean m'a [illegible] du lait,
J'ai d'mandé du lait à ma vache,
Ma vache m'a d'mandé du foin,
J'ai d'mandé du foin à mon pré,
Mon pré m'a d'mandé [illegible],
[illegible]
[illegible]

(Ce dernier [illegible] par Jeanbobie Durd ; les devinettes et calembours d'après Jules Rioux.)

Recueilli à Ygrande par :
Camille GAGNON.

exercices. Mais aux longs bals qui accompagnent les noces, il est rare que, vers la fin, lorsque les cadences habituelles se font plus monotones, on n'ait pas recours, pour [illegible] l'entrain, au répertoire local. Très souvent d'ailleurs, la jeunesse ignorante se livre à des entrechats burlesques répondant de très loin aux rythmes primitifs.

La bourrée est la seule danse ancienne du Bourbonnais pour laquelle existe une documentation sérieuse. Cette danse n'était pas spéciale à notre province. Mais tandis que chez nos voisins elle affectait des façons vives, primesautières et même quelque peu grivoises, elle avait pris chez nous, en harmonie avec le caractère des gens, une démarche simple, une allure plus lente, une gravité mélancolique et presque religieuse, trait distinctif qu'ont retenu tous ceux qui l'ont décrite. La bourrée était certainement la danse la plus populaire de tout le Bourbonnais, celle qui formait le fond essentiel des bals d'autrefois. On la joue encore aux noces, pour les vieux qui, émus et [illegible], retrouvent à ses accents les charmes évanouis des beaux jours de leur jeunesse lointaine.

La bourrée bourbonnaise se danse de la manière suivante. Danseurs et danseuses commencent par se faire un simulacre de révérence ou par s'embrasser et se mettent sur deux lignes parallèles, garçons d'un côté, filles de l'autre. Dans un premier mouvement, garçons et filles s'avancent en [illegible] les uns vers les autres. Les deux lignes étant sur le point de se rencontrer, reculent vers le point de départ. Le mouvement d'avance recommence, [illegible]

[illegible]

Camille GAGNON.

(A suivre.)

COUPS DE CISEAUX

[illegible]

(Le Temps.)

×

[illegible]

×

[illegible]

(Diable.)

FEUILLETON DU 11 JUIN

— 89 —

SOUS LA DAGUE

par

Gustave GAILHARD

Pour le vieux [illegible] qui connaissait admirablement les faiblesses, les maladies, les [illegible] du cœur humain, la petite L[illegible] semblait conduite ici par la main de Dieu comme une petite messagère de consolation auprès du pauvre condottière, dont la dangereuse [illegible] non sans raison, l'esprit avisé du fin Carleolo. Cette spirituelle enfant, emplie de vie, de babil, de tendresse et de dévouement, n'était-ce pas pour le pauvre malade trop timide à la [illegible], les soins attentifs et pieux, la consolation de petites mains caressantes qui [illegible] leur fraîcheur délicate sur un front brûlant ? N'était-ce pas surtout une occasion de parler, dans les moments trop noirs, de ce passé cruel avec lequel il est dangereux de rompre trop brusquement ? De soulager son cœur des mille choses lourdes qui l'oppressent et l'empoisonnent.

C'est, en substance, le raisonnement qui avait jailli spontanément dans l'esprit du bon géant en apercevant la [illegible] au milieu des gens d'armes du pont-levis. Ce

« Bichez vous donc. Bichez vous donc. » Ce signal donne le droit à chaque danseur d'embrasser sa danseuse qui ne saurait, décemment, s'y refuser. Un bon musicien doit savoir lancer à propos son [illegible].

Jeux innocents qui ont présidé et président encore à tant d'accordailles !

Camille GAGNON.

Les élections de dimanche

Une élection sénatoriale et deux élections législatives ont eu lieu dimanche. En voici les résultats :

Élection sénatoriale

« M. Jacques [illegible], républicain de démocratie sociale, a été élu au deuxième tour, sénateur d'Eure-et-Loir, en remplacement de M. Bonvoir, radical-socialiste, par 385 voix contre 314 à M. Lebrun (gauche [illegible]) et 16 à M. [illegible] (Union républicaine). »

Élections législatives

« Angers, 11 juin. — Circonscription de Saumur. Inscrits, 24.806 ; votants, 20.946 ; suffrages exprimés, 19.870. MM. Robert de Grandmaison, républicain [illegible], 12.281 voix, élu ; docteur [illegible], radical-socialiste, 7.182 ; Georges [illegible] S. F. I. O. 392 voix.

« Il s'agissait de remplacer M. Georges de Grandmaison, élu sénateur, père de M. Robert de Grandmaison. »

« Saint-Dié, 11 juin. — Circonscription de Saint-Dié :

Inscrits, 28.449 ; votants, 22.700 ; suffrages exprimés, 22.346. MM. Elbel, radical-socialiste, 10.887 voix ; Aubry, radical indépendant, 8.048 ; Curnavin, communiste, 8.000 ; [illegible], S. F. I. O., 381 ; [illegible] communiste dissident, 210 ; [illegible], 51.

« Il y a ballottage.

« Il s'agissait de remplacer M. Constant Verlot, centre républicain, décédé. »

Les enfants perdus de la guerre

M. Lachaise, président des pupilles de la nation à Saint-Quentin, s'est appliqué, depuis de longues années, à identifier, retrouver et rapprocher de leur famille les enfants des régions envahies dispersés de tous côtés par la tourmente de la guerre et dont certains, ignoraient tout de leur origine, ne connaissant même pas leurs nom ni leur âge véritables.

Vingt-cinq de ces infortunés ont pu ainsi être rendus aux parents qui les avaient si longtemps cherchés en vain.

A ces résultats d'autres se sont ajoutés récemment. C'est ainsi que Jules Amerlat, orphelin de père et de mère, a été retrouvé à Fresnoy-le-Grand par ses frères.

Mme Marie Dumoulin, évacuée de Saint-Quentin pendant l'invasion, a été retrouvée à Mâcon par son frère.

Édouard Herbet, sourd-muet, évacué de Givet en 1917, avec ses trois jeunes sœurs, comme lui orphelins de père et de mère, qui avaient été dirigées sur la Belgique, vient d'être retrouvé à l'asile de Prémontré.

André Leroy, né à Mézières en 1913, séparé à l'âge de 3 ans de sa mère, évacué par les Allemands en 1916, [illegible]

[illegible]

Les parents recherchés par des enfants sont : M. Henri Olivier, de Laon ; Mme Juliette-Louise Remy ; M. Valssière, de Roubaix ; Mme Vanecke, de Douai ; M. Sotaille, de Laon ; Mme Goezart, de Bellencourt-Rivière ; MM. Roger Cherré, Lucien, Édouard S[illegible], tous trois originaires de Paris.

Tous renseignements sur les enfants

FEUILLETON DU 13 JUIN

— 90 —

SOUS LA DAGUE

par

Gustave GAILHARD

— A cheval... A cheval, ceux qui aiment Dieu ! s'écria-t-il penché au dessus de la cour d'armes. A cheval sans perdre une seconde !

L'instant d'après Carleolo, harnaché et armé, faisait irruption dans l'atrium. Dans l'entrebâillement de la porte, apparaissaient les têtes casquées de Sparadone et de Durodent. Au dessus du gorgerin brillant, les trognes des bandits étaient en ce moment magnifiques de santé et d'énergie militaire.

— Les chevaux ? hurla le condottière.

— Prêts.

— Les porte manteaux ?

— Prêts.

— Les hommes ?

— En selle.

Palavicino ne leur répondit que par un regard qui leur promettait à chacun une fortune.

Un quart d'heure après, à la tête de toutes ses lances, Palavicino descendait de la Hache du Diable. Penchés sur l'encolure de leur bête, une longue file sombre

AVEC L'AIDE DE DIEU,

RIER

EAUX : 10, RUE JEAN-JAC

64

Jeudi 26 Mars 1925

ALLIER

L'Agence Havas, 62, rue Richelieu à Paris et toutes ses succursales sont seules chargées de recevoir la publicité extra-régionale.

LES COUREURS DE MAI

(Bourbonnais)

Une très ancienne coutume, que nos braves campagnards appellent « courir le mai », existe encore, dans la partie nord-est du Bourbonnais, dans ce coin et pauvre autrefois, qu'on le dénommait « la Sologne bourbonnaise ».

Tous les ans, dans la nuit du 30 avril au 1er mai, les jeunes gens de chaque localité se réunissent par bande de dix ou quinze, et, précédés d'un musicien champêtre, ils se rendent dans les fermes et les domaines du voisinage, pour annoncer le joli mois de mai, chantant en chœur la vieille ballade, que les grand'mamans redisent aux tout petits, « la chanson de mai ».

[illegible]

Du bon matin j'me suis levé,
— Oh ! Madeleine, voici le mai ! —
Du bon matin j'me suis levé...
Aimez-moi, je vous aimerai.

Un beau bouquet je vous ai fait
— Oh ! Madeleine, voici le mai ! —
Un beau bouquet je vous ai fait...
Aimez-moi, je vous aimerai.

De lilas blanc j'y ai placé,
— Oh ! Madeleine, voici le mai ! —
De lilas blanc j'y ai placé...
Aimez-moi, je vous aimerai.

Du beau muguet j'y ai placé,
— Oh ! Madeleine, voici le mai ! —
Du beau muguet j'y ai placé...
Aimez-moi, je vous aimerai.

Des bouquets d'prés j'y ai placé,
— Oh ! Madeleine, voici le mai ! —
Des bouquets d'prés j'y ai placé...
Aimez-moi, je vous aimerai.

***

O vous la mait' de la maison,
Je vous en prie, levez vous donc !...
Prenez le grand couteau long,
Coupez (1) large et coup à long ;
C'est pour moi, mes compagnons,
Pour fêter à la ville
Le joli, joli mois de mai !
Sortez de vot' sommeil,
Apportez nous le mai !

Oh ! la maitress' de la maison,
Je vous en prie, levez vous donc !...
Posez la main dans l' corbillon
Quinze (2) à mains apportez donc ;
C'est pour moi, mes compagnons,
Pour fêter à la ville
Le joli, joli mois de mai !
Sortez de vot' sommeil,
Apportez-nous le mai !

Le grand garçon de la maison,
Je vous en prie, levez vous donc !...
Prenez le grand pichet rond,
C'est pour moi, mes compagnons,
Pour fêter à la ville
Le joli, joli mois de mai !
Sortez de vot' sommeil !
Apportez nous le mai !

La grande fille de la maison,
Je vous en prie, levez vous donc !...
Prenez jupes et cotillons,
Sortez dehors, nous danserons ;
Un bouquet nous vous donn'rons
Pour fêter à la ville,
Le joli, joli mois de mai.
Sortez de vot' sommeil,
Apportez nous le mai !

LE BOUVIEUX

(1) Le pain.
(2) Les œufs.

A la Société des nations

L'admission de l'Allemagne

[illegible]

Petites nouvelles

Le paquebot Tchad, de la Compagnie des Chargeurs réunis, est attendu à Bordeaux samedi 28 courant. Il ramène à bord les glorieux aviateurs, victimes de l'accident de Niamey, le colonel Vuillemin, Dagnaux, Pelletier-Doisy et leurs mécaniciens.

— Les capitaines Arrachart et Lemaître qui sont arrivés à Villacoublay hier après-midi, ont été reçus, à 17 heures, par le général Nollet, ministre de la guerre, qui leur a adressé ses félicitations les plus vives.

— De Bruxelles : La princesse Charlotte peut être considérée comme étant maintenant tout à fait hors de danger.

— De Bruxelles : le lieutenant général De Guise, ancien commandant de la position fortifiée d'Anvers, en 1914, vient de mourir. Il était né à Liège le 29 [illegible]

COUPS DE CISEAUX

Table ouverte :

Quand M. Houghton, ambassadeur du Kaiser à Berne, annonça à M. Briand qu'il séjournerait à Genève pendant la durée de l'assemblée, et y tiendrait table ouverte, [illegible]

[illegible]

Le débat sera continué jeudi.

Chronique

MOULINS

Éphémérides

Jeudi, 26 mars, 85e jour de l'année.
Lune : Premier quartier, le 1er avril.
Fête : saint Emmanuel.

Le temps qu'il fait

Observations de la commission météorologique de l'Allier pour la journée de mercredi :

Le matin : temps beau, froid.
Le thermomètre indiquait : à 7 heures du matin, — 3° ; à midi, + 6° ; maxima, + 8° ; minima, — 3°.

[illegible]

[illegible] au meilleur baryton ou une basse [illegible], et tantôt de claires et pures voix féminines, [illegible] non seulement par la science du chant, mais aussi par un sûr [illegible] qui fallait recourir les [illegible] nuances d'émotion et de malice. (Si nous ne nommons personne, c'est pour observer la consigne d'anonymat dont on nous a prié.)

Au total, une trentaine de chansons. Il faudrait donner des citations de toutes, mais ce serait bien long. Choisir, d'autre part, est difficile. Prenons donc au hasard :

Dans les pastorales, d'abord, C'est trois jolis [illegible] :

C'est trois jolis [illegible]
Aude [illegible] l'herbette.
[illegible]
Aude [illegible] l'herbette...

Le plus joli des trois
A son chapeau de roses...

[illegible]
[illegible] de ces roses...

Quand j'étais [illegible] chez mon père, d'une si [illegible] bonhomie :

Quand j'étais [illegible] chez mon père [illegible],
J'gardais les [illegible] aux champs,
Tralali [illegible],
J'gardais les [illegible] aux champs,
Tralala [illegible].

[illegible]

La Quinzaine bourbonnaise

La conférence littéraire de M. Place

M. Chambaron a présenté hier soir aux auditeurs de l'Américain le troisième et dernier conférencier littéraire de la Quinzaine bourbonnaise : M. Joseph Place, avocat du barreau de Cosnes, directeur de la Chronique des lettres françaises.

M. Place avait à parler — et il l'a fait avec toute la compétence [illegible] — des écrivains bourbonnais contemporains. La liste en est [illegible] longue. Aussi bien le conférencier s'est-il attaché principalement à ceux dont l'œuvre est la plus caractéristique.

Charles-Louis Philippe d'abord (né à Cérilly en 1874, mort à Paris en 1909). D'origine modeste, ayant mené lui-même une vie [illegible], il est [illegible], par une certaine école littéraire, comme le peintre du pauvre, que ce soit un paysan bourbonnais (Charles Blanchard, Le Père Perdrix), ou quelque épave de Paris (Bubu de Montparnasse, Marie Donadieu). On a vu en lui l'influence de Dostoïevsky, et il est certain que des fragments de Charles Blanchard rappellent un peu l'écrivain russe.

Ce sont ensuite nos deux écrivains paysans, — collaborateurs du Courrier de l'Allier à leurs débuts et qui le sont toujours : Émile Guillaumin et Joseph Voisin, tous deux autodidactes, restés cultivateurs et [illegible] de front le labeur manuel et le travail de l'esprit.

Guillaumin, né à Ygrande en 1873, a su traduire en [illegible] d'une simplicité spontanée, sans apprêt, le langage des gens de la terre, leurs sentiments, leurs préoccupations, [illegible]

[illegible]

... Faure, romancier et critique dont la notoriété s'affirme de plus en plus ; les grands journalistes Marcel Ray et Albert Londres, etc..., etc...

Pour finir, M. Joseph Place énonce avec orgueil d'autres noms bourbonnais réputés dans les sphères savantes : Émile Mâle, l'historien de l'Art religieux en France ; Jacques Chevalier, le commentateur de Pascal ; Antonin Mallet, le grand philologue.

Il a enfin des mots flatteurs pour trois revues régionalistes : la défunte Quinzaine bourbonnaise, les Cahiers du Centre et les Amitiés foréziennes et vellaves. Et, en conclusion, il a souhaité voir apparaître une autre, de littérature et d'art, qui se consacrerait au passé et au présent et devrait être alimentée à partie par des anciens arrivés, [illegible], qui lui [illegible] de [illegible], partie par de jeunes talents en éclosion, et où nos dessinateurs et graveurs apporteraient les illustrations nécessaires. Quant à son titre, il est tout trouvé ; ce serait le nom de notre riche province : le Bourbonnais.

Nous ajouterons, nous, que M. Joseph Place a qualité pour mûrir cette idée et la réaliser. Il se doit d'y songer.

Sa suggestion, en tout cas, a paru avoir l'accord de ses auditeurs d'hier, dont, à plusieurs reprises, les applaudissements attestèrent le plaisir qu'ils avaient eu à l'entendre ainsi que, dans la lecture de pages choisies de nos écrivains bourbonnais, l'excellente diseuse, Mme Lacombe.

Les vieilles chansons bourbonnaises

La Quinzaine bourbonnaise a commencé pour le public, samedi soir, à la salle Saint-Gilles, par l'audition des chansons bourbonnaises, dont la conférence de M. Paul Duchon, le 22 octobre dernier, à l'Américain, nous avait déjà donné un avant-goût savoureux.

Ce sont précisément les pièces recueillies par M. Duchon, avec d'autres que l'on doit aux recherches de M. Albert Serrais, qui furent exécutées, à Saint-Gilles, par la Schola de M. l'abbé [illegible], avec des harmonisations et accompagnements musicaux [illegible] [illegible]

[illegible]

LE SITE

Cloître et pavillon central du couvent

Souvigny, chef-lieu de canton de 2.550 habitants, est situé à 11 kilomètres de Moulins, sur la route nationale n° 145.

Cette vieille et curieuse cité est adossée à l'une des collines qui bordent la riche vallée de la Queune. Elle est entourée, comme d'une immense et verdoyante ceinture, par les forêts de Moladier, Messarges, Boisplan, Bagnolet et Marigny. Chacune de ces forêts a son caractère et son charme particuliers, et toutes sont des buts de promenades aussi agréables que variés.

La proximité de plusieurs villes d'eaux comme Bourbon-l'Archambault, Néris, Vichy, ainsi que le voisinage des grandes routes Paris-Lyon et Paris-Clermont, attirent chaque année à Souvigny une foule nombreuse de visiteurs, ravis de traverser un site si reposant et émerveillés par les splendeurs architecturales de ses monuments.

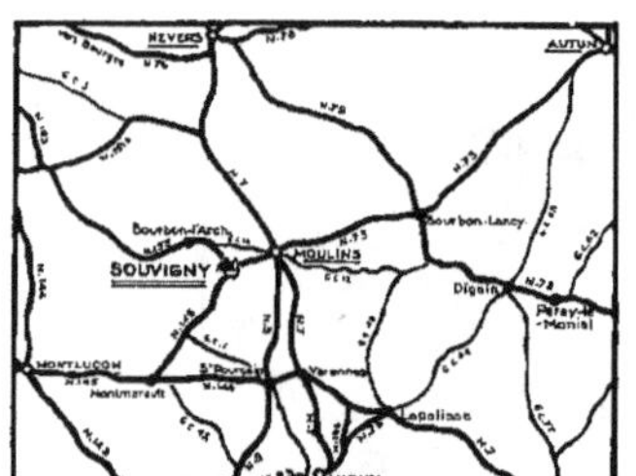

Routes nationales — Routes secondaires

ROUTES D'ACCES

de Souvigny à	NEVERS	64 kil.
	PARAY-LE-MONIAL	82 —
	VICHY	60 —
	MONTLUCON	62 —
	NERIS-LES-BAINS	56 —
	MOULINS	11 —
	BOURBON-L'ARCHAMBAULT	11 —

RENSEIGNEMENT HOTELIER

E. HERITIER. Patissier-confiseur

Repas et Goûters à toute heure.

Pour renseignements, documents, cartes et photos, s'adresser au presbytère de Souvigny (Allier).

Photos Archives d'Art d'Histoire

l'atelier marcel arthaud

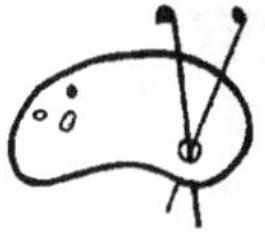

L'armoire aux reliques

HISTORIQUE

L'Eglise de Souvigny est le joyau du Bourbonnais. Elle fut choisie comme lieu de sépulture par plusieurs Sires de Bourbon. C'est pour cela que Souvigny est appelé le « Saint-Denis du Bourbonnais » dont il fut la capitale jusqu'au XVIe siècle. Il garde encore les merveilleux tombeaux de ses princes, avec leurs corps.

De plus, Souvigny fut glorieux par son monastère bénédictin, la plus riche filiale de Cluny. C'est là que moururent saint Mayeul, le grand thaumaturge du Xe siècle, et saint Odilon, l'illustre propagateur de la fête des Morts du 2 novembre. C'est là que leurs corps furent ensevelis et attirèrent, depuis dix siècles bientôt, les populations de tous les points de l'Europe. Les rois de France: Hugues Capet, Robert le Pieux et Charles VII ; les Papes : Urbain II, Alexandre II et Clément VI ; Pierre le Vénérable, le Cardinal Saint Pierre Damien, saint Hugues et tant d'autres illustres personnages y vinrent en pèlerinage. Chaque année, il y a encore un pèlerinage à saint Mayeul dans le mois de mai.

DESCRIPTION

Chapelle sépulcrale des Ducs de Bourbon

Ce monument est également le plus intéressant de toute la région par ses dimensions, par ses beautés sculpturales, par le long passé qu'il résume. Il est si instructif qu'à étudier ses différentes constructions (du Xe au XVIIIe siècles), on apprendrait l'histoire de notre architecture nationale. En entrant, admirez cette immense nef à quatre collatéraux, de 17 mètres de haut, de 28 mètres de large. Regardez, par delà ces grandes travées, le transept, le chœur, le sanctuaire, l'abside... et vous serez émerveillé de voir ce tout qui se déroule loin, très loin, jusqu'à 84 mètres de long et dans des profondeurs mystérieuses... Il y a là un mélange et une variété de styles, s'harmonisant dans une ravissante unité d'ensemble, qui font de cette église un monument unique. N'oubliez pas de visiter la sacristie, remarquable par ses boiseries, les chapelles sépulcrales des Bourbons, le musée et le cloître. Admirez les anciens vitraux, l'armoire aux reliques, le Christ en ivoire, les orgues de Cliquot, des centaines de chapiteaux, etc...

Histoire de Lurcy-Lévy

PAR

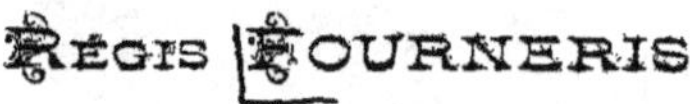

Secrétaire de L'UNION FRANÇAISE pour le Sauvetage de l'Enfance

> « Le collecteur peut n'être qu'un simple ouvrier ; des mains plus habiles mettront un jour en œuvre le fruit de son labeur ; les pierres qu'il a dégrossies entreront dans la construction de quelque édifice digne d'attirer les regards. »
>
> *(Comte Jobert.)*

MOULINS

F. CHARMEIL, IMPRIMEUR-ÉDITEUR, 32, RUE DE REFEMBRE

1898

PRÉFACE

En acceptant l'honneur de placer quelques lignes en tête de ce travail, je n'ai point eu l'intention d'en donner un compte-rendu dont le moindre inconvénient serait d'arrêter trop longtemps le lecteur au seuil du monument élevé par M. FOURNERIS à l'histoire d'une importante commune de ce département. Il me paraît, d'ailleurs, tout aussi superflu de composer une Préface à un ouvrage qui n'a besoin de personne pour se présenter au public. Mais, je ne puis taire la satisfaction que j'éprouve à l'apparition d'une de ces monographies locales, malheureusement encore trop rares dans notre Bourbonnais, pour permettre d'édifier, dès maintenant, dans des conditions suffisantes d'information, une histoire d'ensemble de la province.

La notice de M. FOURNERIS ne s'arrête pas au terme classique de ce genre de monographies, je veux dire la fin du XVIIIe siècle. L'histoire contemporaine de Lurcy-Lévy y tient une très grande place. Je ne saurais l'en blâmer. Quoi que puissent prétendre quelques-uns, il faut voir autre chose qu'un monument élevé à la vanité humaine dans ces notices consacrées à des institutions locales contemporaines, créées par des personnages encore vivants, dans ces listes de magistrats et de fonctionnaires, dont les derniers cités pourraient relever leurs noms dans ces chapitres. L'utilité de ces notices et de ces listes apparaîtra sans doute plus évidente avec le temps qui donnera aux événements le recul nécessaire pour les faire mieux juger.

Le goût des choses du passé n'est point éteint en Bourbonnais. L'exemple de M. FOURNERIS sera suivi, j'en ai la conviction. Les Archives publiques et privées n'ont pas de secret pour qui sait, comme lui, les interroger. Que les travailleurs du Bourbonnais apportent chacun leur pierre à l'édifice. Les Archives du département de l'Allier, qui sont pour la partie ancienne les Archives de la province de Bourbonnais, sont une mine dont ils ne doivent pas négliger l'exploration. A défaut de trouvailles historiques de premier ordre, ils y trouveront toujours un guide et, pour peu qu'ils y fréquentent, un ami.

Ferdinand CLAUDON.

A Monsieur Jacques-Henry MAGE,

Notaire, Conseiller d'Arrondissement et

Maire de Lurcy-Lévy,

En souvenir des bonnes années que j'ai passées comme Clerc dans son Etude.

Paris, le 1er juin 1897.

Régis Fourneris

VUE DE LURCY-LÉVY

NOTICE HISTORIQUE

SUR LA

COMMUNE DE LURCY-LÉVY

PREMIÈRE PARTIE

HISTOIRE

Je ne ferai point remonter l'histoire de Lurcy au-delà de l'invasion romaine. A cette époque, le pays dépendait de celui des *Bituriges Cubi*(1). Après la conquête, il fit partie de la *Lugdunaise* et passa, vers la fin du IVe siècle, dans la première Aquitaine dont *Avaricum* (Bourges), cité des *Bituriges*, devint la métropole.

De ce moment, et jusqu'au VIIIe siècle, son histoire est enveloppée d'une obscurité profonde. Dans ces condi-

(1) Les Bituriges, peuple ancien et puissant, occupaient la partie de la Gaule qui a formé, depuis, la province du Berry. Environ un siècle avant J.-C., une colonie de ce peuple étant allé fonder *Burdigala* (Bordeaux), sur la Garonne, les Bitturiges qui restèrent au pays prirent le nom de *Bitturiges Cubi*, pour les distinguer des émigrants qu'on a appelé *Bitturiges Viviscі*.

tions il est permis de supposer qu'il s'accommoda de la loi du vainqueur, qu'il ne prit aucune part active aux nombreux soulèvements des populations gauloises qui marquèrent les premiers siècles de la domination romaine et se succédèrent depuis la conquête de Clovis jusqu'au couronnement de Pépin-le-Bref.

Il paraît cependant établi que, sous les rois Francks, il dépendait du Pays de Bourbon *(Pagus Burbunensis)* (1), dont la capitale (*Borvo,* qui devint par la suite Bourbon), était, à l'avénement au trône du fils de Charles-Martel, une des plus fortes places des ducs d'Aquitaine.

Ces seigneurs, comme presque tous les grands feudataires de la couronne, s'étaient rendus souverains dans les provinces dont le gouvernement leur avait été confié. L'un d'eux, le duc Waipher ou Gaiffer souleva contre le nouveau roi le peuple de l'Aquitaine et continua, avec lui, cette lutte terrible, commencée par son père, Hunaud, lutte qui dura vingt-sept ans et dans laquelle, dit un historien moderne, ils rendit aux Francks ravages pour ravages.

Pépin, accompagné de Karl ou Charles, son fils, marche contre Waiphes. Il passe la Loire à Nevers, et vint assiéger le château de Bourbon, qu'il prit d'assaut et qu'il réduisait en cendres, ne voulant pas laisser derrière lui un poste aussi dangereux alors qu'il avait à continuer la guerre (2). Les soldats aquitains qui avaient été chargés de défendre la place, furent emmenés prisonniers (761).

---

(1) C'était une des divisions du pays de Bourges *(Pagus Bituricensis)*. Ces divisions se nommaient *Vicairies* ou *Vigueries* ; faisaient partie de la viguerie de Bourbon, d'après le cartulaire de Saint-Sulpice ; *Centena Augiaccensis* (Augy-sur-Aubois), *Centena Dunensis* (Dun-le-Roi devenu depuis Dun-sur-Auron), *Centena Vaverensis* et *Centena Cambonensis*, qu'on croit être Vesvre et Chambon.

(2) « Charles, fils de Pépin, depuis appelé le Grand, s'arma premièrement en ce voyage, et, dict un chroniqueur ancien, que Pépin, d'entrée, prist Bourbon surnommé le Noble, *Chanteles*, Clermont-d'Auvergne et plusieurs autres places fortes. » (FAUCHET : *Antiquités françoises*).

Pépin poursuivit Waipher « le chassant de tous pays, depuis la Loire jusqu'à Limoges, depuis Nevers jusqu'à Cahors, » ne lui laissant ni paix ni trêve jusqu'au jour où le malheureux duc fut assassiné par les siens (768). Après ce meurtre auquel, dit-on, Pépin ne fut pas étranger, (1) mais qui n'amena pas la soumission du pays, le chef de la dynastie carlovingienne plaça, à Bourbon, Nibhilung ou Nibelon, fils de son oncle paternel Childebrant.

Pépin mourut cette même année.

C'est à Nibhilung qu'on fait remonter l'origine de la Maison de Bourbon. Mais, comme l'a dit un éminent historien, Amédée Thierry, aucune généalogie n'a été plus embrouillée que celle des Bourbons primitifs, *Bourbons anciens, Archambauds*, comme on les appelle indifféremment ; aussi, ne doit-on qu'avec prudence et réserve accepter la filiation directe que la tradition donne aux ancêtres d'Aymar ou Adhémar, le premier duc de Bourbon dont le nom soit vraiment historique (2).

Aymar était un des guerriers de Charles-le-Simple. Ce prince, probablement en raison de ses services, lui fit don, en l'an 913, de toute la partie du pays qui s'étendait de Souvigny, sur la rive gauche de l'Allier, jusques et y compris Bourbon-Lancy sur la rive droite de la

---

(1) « Et d'autant que Gaiffier fuyoit devant luy, il divisa son armée pour le courre en divers endroits : jusques à ce que le Duc arresté à Périgueux, osa bien attendre la bataille, laquelle tourna au dommage des Aquitaniens qui la perdirent avec leur Duc, tué sur la place, ou des Français ou des siens, désirans gratifier le Roy victorieux et se délivrer du malheur de la guerre par la mort de leur infortuné prince, qui vit les y eut plus longuement entretenus, se disent aucuns, jaçoit que d'autres soutiennent qu'ayant esté pris et serré comme il cuidoit échapper pour commencer la guerre, il fut tué par le commandement de Pépin. » (FAUCHET : *Antiq. fr.*).

(2) La tradition prétend qu'à la mort de Nibhilung, ses domaines furent partagés entre ses deux enfants, Childebrant, qui prit le titre de comte de Matric après avoir cédé la viguerie d'Iseure à l'abbesse Amalberge, et Théotbert, qui laissa quatre fils : Robert, duquel descend la famille des Capets, Thetber, Fridelin et Erald. Ce dernier eut pour fils Nibhilung II, qui fut le père d'Aymar ou Adhémar, comme on l'appelle indistinctement

Loire. Aymar est le premier seigneur qui, d'après les chartes, ait possédé des terres féodales dans le Bourbonnais. A cette époque, Bourbon était sorti de ses cendres et avait repris son ancienne splendeur. Il devint ensuite la capitale de la province et la résidence des ducs de Bourbonnais.

De ces temps-là, sous le rapport des anciennes divisions politiques, date le commencement de la séparation du pays de Bourbon du pays des Bituriges.

« Au XIe siècle, dit Raynal, on ne donnait encore le nom de Bourbonnais *(Borbonenses)* qu'aux habitants du pays situé sur la rive gauche de l'Allier; les habitants de la rive droite, qui relevaient du sire de Bourbon, s'appelaient Trans-Aleritains *(Transaleritani)*, habitants d'Outre-Allier, et c'est dans le courant du XIIe siècle que la séparation définitive d'une partie de la province du Berry et la formation d'une *sirie* ou seigneurie particulière sous le nom de *baronie de Bourbon*, et plus tard de *Bourbonnais*, paraissent avoir passé dans le langage des actes officiels comme un fait accompli. En effet, on lit encore dans le cartulaire de Champagne de la fin du XIIe siècle : « Le sire de Bourbon tient en Berry, Ainay, Epineuil, Huriel, Blet et Montluçon, avec tous les fiefs qui en dépendent, du sire de Champagne : le sire de Champagne les tient du roi. » Mais, au cartulaire de 1256, on dit que ces diverses seigneuries sont situées en la baronie de Bourbon et non plus en Berry.

« Le Bourbonnais s'avançait en Berry jusqu'au-delà de Nérondes, jusque dans le voisinage de Dun-le-Roi et de Châteauneuf-sur-Cher. Sa limite, après avoir franchi le Cher au-dessus de Châteauneuf, se dirigeait presqu'en ligne droite du sud au nord, jusque vers la source de la Creuse ; c'est-à-dire qu'il enleva au Berry la partie de son territoire qui composait les archiprêtrés de Bourbon, d'Hérisson, de Chantelle et de Montluçon en totalité, celui d'Huriel, à l'exception de quelques paroisses, et en grande partie ceux de Dun-le-Roi et de Montfaucon ou Villequiers (1). »

Nous avons donc été Berrichons avant d'appartenir au Bourbonnais, province formée d'échancrures prises sur la Marche, l'Auvergne, le Nivernais et le Berry, ce qui a fait dire à Guy-Coquille que « Bourbonnois est province et pays nouvellement composé, comme en marqueterie et mosaïque, de plusieurs pièces rapportées acquises des seigneurs voisins (2). »

Sous le rapport du spirituel, la division gallo-romaine adoptée par l'Eglise catholique lors de l'établissement du Christianisme parmi les Gaulois, ne reçut aucune modification, et toute la partie de la nouvelle province, détachée du Berry, continua de dépendre du diocèse de Bourges (3).

Voici la féodalité. Elle s'organise dans notre région comme partout ailleurs : orgueilleuse et puissante. Le pays se couvre de châteaux-forts, les moindres fiefs deviennent de petits états, leurs possesseurs s'y cantonnent à l'heure du danger et s'y rendent indépendants et redoutables : c'est le régime de la tyrannie et de l'oppression, c'est le règne du bon plaisir.

Mais, en même temps que se dressent menaçantes, entourées de fossés profonds et d'épaisses murailles flanquées de tours et de bastions, les demeures seigneuriales de Poligny, de Champroux, de Béguin, des Blancs-Fossés et d'autres encore, quelques maisons se groupent, non loin de là, autour d'une modeste métairie (le Prieuré)

(1) *Histoire du Berry.* — Le diocèse de Bourges, depuis le IXe siècle, était divisé en archidiaconés, lesquels se subdivisaient en archiprêtrés et ceux-ci en paroisses. D'après un cartulaire du XIIIe siècle, conservé aux archives du Cher, Bourbon était un des neuf archidiaconés qui composaient l'archevêché de Bourges. Il occupait le deuxième rang et comprenait trois archiprêtrés : Bourbon, Hérisson et Montfaucon, plus tard Villequiers, et cent trente-quatre paroisses dont quarante-sept dans l'archiprêtré de Bourbon.

(2) *Histoire du Nivernais.*

(3) Château-sur-Allier fit exception. Il dépendit du diocèse de Nevers.

dépendant de l'abbaye de Plein-Pied. C'est l'origine de Lurcy. J'ai vu quelque part, qu'en l'an 1200, il avait été passé entre Philippe-Auguste et cette abbaye un acte de pariage pour les villages de Lurcy et de Couleuvre.

Dans les chartes des XIIe, XIIIe et XIVe siècles, la nouvelle agglomération est appelée *Lurciacum-leu-Salvatge, Lurciaco Silvestri (Parrochia de), Lurcy-le-Sauvaige* (1), noms que justifie sa situation au milieu des forêts ; et, ce n'est qu'au commencement du XVIIIe siècle que Lurcy-le-Sauvage devient Lurcy-Lévy. Ce changement se fit en 1723, après que la terre de Lévy, autrefois Poligny, fut érigée en duché-pairie. A la Révolution, les administrateurs municipaux lui restituent son nom d'origine : Lurcy-le-Sauvage. Cependant, en nivôse an IV, on le trouve encore désigné sur le registre des délibérations de l'administration centrale du département de l'Allier, sous son nom féodal : Lurcy-Lévy.

Sous l'Empire, c'est encore Lurcy-Lévy ; pendant les Cent-Jours, Lurcy-le-Sauvage et, à la seconde Restauration, Lurcy-Lévy (2).

Pour ne pas avoir à me répéter plusieurs fois dans le cours de cette notice, je vais passer la période du Moyen-Age et arriver en 1789, époque de la nouvelle organisation civile de la France.

Lorsque l'Assemblée constituante eut décidé la division de la France en départements, districts, cantons et mu-

(1) Archives nationales et du département du Cher.

(2) Les noms de Sauvage et de Lévy, alternativement donnés à Lurcy, depuis 1789, n'ont jamais été sanctionnés par aucun décret. Seul, le bon vouloir de l'administration locale a fait autorité. Aussi, le *Bulletin des Lois* est-il toujours adressé à Lurcy-le-Sauvage. Pendant le XVIIIe siècle et notamment dans les années 1751, 1752, 1754, quelques curés, rédacteurs des actes de baptêmes, mariages et sépultures, — dans un but de basse flatterie assurément, — ont écrit Lévy-Lurcy. En prairial an II, l'officier de l'état-civil écrit Lurcy-sur-Anduyse. Enfin, j'ajouterai qu'on trouve encore dans les actes publics, voire ailleurs, des noms fantaisistes comme ceux-ci, par exemple : Paroisse de Lévy (*1727, Reg. paroiss.*), Lurcy-en-Bourbonnois (*id.*), église de Lurcy-Lévy (*id. 1730*), Lurcy dict Lévis (*id. 1726*), Lurcy-sur-Lévy (*Carte du diocèse de Nevers, 1788*), etc., etc.

nicipalités, le *département de l'Allier*, appelé d'abord *département de Moulins*, fut divisé en sept districts, savoir : Moulins, Le Donjon, Cusset, Gannat, Montmarault, Montluçon et Cérilly. Lurcy devint le deuxième canton du district de Cérilly et comprit dans son ressort les municipalités de Lurcy, Pouzy, Limoise et Couleuvre. A cet ordre de choses succéda, en l'an VIII, la division en départements, arrondissements, cantons et communes. Lurcy fut un des neuf cantons de l'arrondissement de Moulins.

Ce canton fut ainsi composé : Aubigny, Augy, Château-sur-Allier, Couleuvre, Couzon, Limoise, Lurcy, Mézangy, Neure, Pouzy, Saint-Léopardin et Le Veurdre.

Depuis cette époque, les modifications suivantes se sont produites dans la composition du canton : le 19 juillet 1826, les communes de Mézangy et de Pouzy furent réunies en une seule commune sous le nom de *Pouzy-Mézangy* ; celles d'Augy et de Saint-Léopardin, à compter du 18 juin 1843, ne formèrent plus, également, qu'une seule commune, qui prit le nom de *Saint-Léopardin-d'Augy* ; et, enfin, le 11 juillet 1831, la commune d'Aubigny fut distraite du canton de Lurcy pour être annexée à celui de Moulins-Ouest.

LIMITES

D'après les procès-verbaux de germinal, prairial et floréal an XI août 1807, juillet 1823 et août 1824, la commune de Lurcy est définitivement limitée : au nord, par le département du Cher ; à l'est, par les communes de Château-sur-Allier, Neure et Pouzy-Mézangy ; au sud, par les communes de Couleuvre et de Pouzy-Mézangy, et à l'ouest, par les communes de Couleuvre, Valigny-le-Monial et le département du Cher.

ÉTENDUE

Lurcy est la commune la plus grande du département. Sa superficie est de 7,141 hectares 5 ares.

DISTANCES

Lurcy est à 40 kilomètres de Moulins, 40 kilomètres de Nevers, 16 kilomètres de Saint-Pierre-le-Moûtier, 12 kilomètres de Sancoins, 15 kilomètres de Cérilly et 17 kilomètres de Bourbon.

POPULATION

Voici, à différentes époques, le mouvement de la population de Lurcy d'après les chiffres officiels :

1789, 2.047 habitants ; 1801, 2.347 h. ; 1816, 2.492 h. ; 1826, 2.614 h. ; 1831, 2.966 h. ; 1841, 2.937 h. ; 1851, 2.166 h. ; 1872, 3.966 h. ; 1876, 3.914 h. ; 1881, 4.040 h. ; 1886, 4.070 h. ; 1891, 3.751 h. et 1896, 3.551 h. Cette diminution, constatée dans les deux derniers recensements, doit être attribuée en grande partie à l'émigration de familles d'ouvriers par suite de la suppression des manufactures de porcelaines.

CONTRIBUTIONS DIRECTES. — RECEVEURS COMMUNAUX.

Les percepteurs des contributions directes, sous la direction du receveur-particulier de leur arrondissement et du trésorier-payeur général, sont de droit receveurs municipaux des communes dont les revenus ordinaires ne dépassent pas 30,000 francs. C'est le cas de Lurcy. Néanmoins, les archives de la Mairie nous apprennent que, du 26 messidor an VII à la fin de l'an VIII, le secrétaire-greffier remplissait en même temps les fonctions de receveur de l'administration.

Le chiffre annuel des contributions directes payées par Lurcy, était en 1801, de 12,980 fr. ; en 1808, de 13,191 fr. ; en 1832, de 17,809 fr. ; en 1842, de 22,614 fr. ; en 1852, de 22,945 fr. Il s'est élevé, en 1896, à 56,989 fr.

Revenus communaux en 1896 : 29,497 fr. 82 c.

Chronologie des Percepteurs-Receveurs municipaux :

An IX, Leborgne ; an XII, Griffet ; 1806, Raymond ; 1820, Beauchard ; 1830, Maisonneuve ; 1855, Guerbigny ; 1872, Hoën ; 1886, de La Tourfondue ; 1888, Labbe ; 1889, Torette et 1896, Seix.

VICINALITÉ.

La vicinalité à Lurcy ne laisse rien à désirer. Les chemins d'intérêt commun et vicinaux ordinaires sillonnent la commune dans toutes les directions, grâce à l'intelligente administration des conseils municipaux qui se sont succédé depuis 1871. De plus, Lurcy est desservi par quatre chemins de grande communication, qui portent les nos 1, 3, 47 et 64.

Les chemins vicinaux ordinaires sont au nombre de 22. En voici la liste :

Nos 1	Chemins	d'Ygrande	longueur :	4.080 m.
3	—	de Couleuvre	—	3,818 —
4	—	des Noriaux	—	5.993 —
5	—	de Bourgeonnière	—	2.730 —
7	—	de Mézangy	—	2.652 —
11	—	de la Cinardière (no 1)	—	1.626 —
12	—	des Bruyères de Nérondes	—	2.005 —
13	—	de Saint-Plaisir	—	2.750 —
14	—	de Leige	—	1.700 —
16	—	de Chasy à Couleuvre	—	3.505 —
17	—	de Bonjean à la Rivière	—	4.690 —
34	—	de la Feuille	—	4.789 —
35	—	d'En-bas de Bloux	—	600 —
36	—	des Carrières de la Chevrotière	—	1.250 —
38	—	de la Croix de la Mission	—	930 —
39	—	du Grand-Pont	—	1.200 —
40	—	du Champ de Foires	—	150 —
41	—	des Carrais	—	2.585 —
42	—	de Villefroide	—	2.888 —
43	—	du Tremble	—	4.670 —
44	—	de la Cinardière (no 2)	—	3.577 —
45	—	de la Gossonnière	—	1.590 —

La commune n'a qu'un chemin d'intérêt commun, c'est le chemin no 44 de Franchesse à Augy-sur-Aubois, sur une longueur de 19,948 mètres.

Le chemin de grande communication n° 1, de Saint-Pourçain à Sancoins, traverse les communes de Saulcet, Bransat, Lafeline, le Theil, le Montet, Tronget, Rocles, Saint-Hilaire, Saint-Aubin, Bourbon, Franchesse, Limoise, Pouzy-Mézangy et Lurcy. Sa longueur est de 70,618 mètres.

Le chemin de grande communication n° 3, de Montluçon au chemin de grande communication n° 47, par Estivareilles, Givarlais, Meillet, Hérisson, Saint-Caprais, Le Vilhain, Cérilly, mesure une longueur de 44,472 mètres.

Le chemin de grande communication n° 47, d'Urçay au Veurdre, par Tronçais et Lurcy, sur une longueur de 41.140 mètres, n'est autre que l'ancienne route départementale n° 7, déclassée en 1881 (1).

Cette ancienne route mérite bien qu'on lui consacre quelques lignes, parce qu'avant sa création l'accès de Lurcy était difficile et qu'elle a puissamment contribué au développement de l'agriculture et du commerce du pays.

Déjà, en 1791, le district de Cérilly avait demandé qu'il fût établi une route de Montluçon au Veurdre en passant par Hérisson et Cérilly, mais l'Assemblée départementale, par délibération du 21 novembre de cette dite année « arrêta qu'il n'y avait pas lieu de statuer sur cette demande attendu la disette de fonds » (2).

Quelques années plus tard, l'exploitation des bois de Tronçais et de Lurcy nécessita l'établissement d'un chemin partant de la forge de Saint-Jean-du-Bouis, dans la commune de Saint-Bonnet-Tronçais, au Veurdre, en passant par Lurcy. Ce chemin n'était que la réfection d'un chemin plus ancien qu'on appelait le *chemin des Mulets*. Dans un acte de vente, en date de 1787, que m'a communiqué Madame Dubost-Kraousse, il est désigné sous le nom de *grand chemin de Tronçais au Veurdre*.

---

(1) Voir procès-verbaux du Conseil général de l'Allier, session d'août 1881.

(2) Procès-verbal des séances de la 3e session du département de l'Allier, page 69.

Ce chemin, très mal tracé et encore plus mal entretenu, était loin de répondre aux besoins des communes qu'il traversait ; néanmoins, on ne peut contester les services qu'il rendit (1).

Enfin, en 1832 fut construite la route départementale n° 7, d'Urçay au Veurdre, devenue, plus tard le chemin de grande communication n° 47.

Le chemin de grande communication n° 64, d'Ainay-le-Château à Lurcy, par Isle-et-Bardais et Valigny, à une longueur de 19.948 mètres.

Je terminerai ce chapitre sur les chemins vicinaux en rappelant que, depuis 1871, le service de la vicinalité départementale a été fondu avec celui des ponts et chaussées (2), et que ce n'est qu'à dater de cette époque que le conducteur chargé du service du canton réside à Lurcy, comme l'avait demandé, plusieurs fois déjà, le Conseil municipal (3).

Chronologie des Conducteurs :

1871, Cailhe ; 1875, Détruy ; 1880, Arpet ; 1884, Auclair.

NOTA. — Les registres paroissiaux signalent, en 1771, un sieur « Jacques Sauvage, *commissaire en la voyrie de la généralité de Moulins,* résident en ce bourg ».

CHEMIN DE FER

Lurcy est desservi par l'Economique de Sancoins (Cher) à Lapeyrouse (Puy-de-Dôme), avec gare à Lurcy et arrêt aux Bruyères-de-Bord.

---

(1) S'il faut en croire une pétition, qu'en 1811 les habitants du Veurdre auraient adressée au préfet pour obtenir le canton, cette route n'offrait pas de sécurité aux voyageurs. A cette insinuation, les maires de Lurcy, Couleuvre, Neure, Pouzy et Mesangy, répondirent, dans une protestation commune, que « le moyen puisé de ce prétendu danger de voyager sur cette route ne méritait pas de réponse, parce que jamais aucun voyageur n'y avait été arrêté. » (Archives communales).

(2) Voir procès-verbaux des séances du Conseil général de l'Allier, session de 1871, séance du 10 novembre, pages 328 et suivantes.

(3) Voir délibérations municipales du 8 mai 1864 et 9 novembre 1865.

Stations : Sancoins, Bruyères-de-Bord (arrêt), Lurcy-Lévy, Couleuvre, Saint-Pardoux (arrêt), Theneuille, Louroux-Bourbonnais, Cosne-sur-l'Œil, Neuville-Tortezais (halte), Villefranche, Saint-Priest, Sazeret (halte), Montmarault, Lapeyrouse.

Longueur totale de la ligne : 88 kilomètres.

Inauguration de la ligne : 16 novembre 1890.

Chefs de gare de Lurcy, depuis la création :

1890, Feuillet ; 1892, Liger ; 1895, Chapelle.

RIVIÈRE : *L'ANDUISE*.

Cette petite rivière a perdu de son importance depuis le desséchement de plusieurs étangs dont elle recevait les eaux. Des nombreux moulins auxquels jadis elle donnait la vie, il ne reste plus que le moulin *Baravaud*, dans la commune de Neure.

L'*Anduise* prend sa source au village des Landes, dans la commune de Couleuvre. Elle arrose les communes de Lurcy et de Neure, et va se perdre dans la *Bieudre*, au lieu appelé les *Renauds*, commune de Pouzy-Mézangy.

De sa source à son embouchure, son parcours est d'environ 8 kilomètres.

Il y a sur l'*Anduise*, dans la traversée de Lurcy, trois ponts en maçonnerie ayant chacun six mètres d'ouverture et huit mètres de longueur : le petit pont, sur la route de Valigny ; le grand pont (1), sur la route de Sancoins et le pont d'Etau sur celle du Veurdre.

Après le coucher du soleil et à compter de la chûte des feuilles, au printemps, il s'élève sur les eaux de cette rivière des flocons de vapeurs qui affectent des formes bizarres et fantastiques, ce qui a donné naissance à la légende de la *Grande Jument blanche du pont d'Etau*. « Après minuit, la Grande Jument blanche se place en

(1) Construit en 1849. Prix : 3,118 fr. 42. Les parapets n'ont été faits qu'en 1865.

observation près de la route. Passe-t-il un voyageur attardé, elle s'approche, s'arrête devant lui et courbe son échine pour l'inviter à y prendre place. Malheur à l'imprudent qui accepterait cette perfide politesse : on le trouverait le lendemain mort dans quelque fondrière. »

COMMUNAUX

Lurcy possède d'importants communaux connus sous le nom de *bruyères* ou, — pour employer le terme du pays, — sous celui de *breures*.

En 1793, — lit-on dans le registre des délibérations municipales, — « il y eut une assemblée des habitants convoqués et tenue dans l'église paroissiale pour délibérer s'il était plus intéressant de conserver les communaux pour vaine pâture ou de se les partager par tête suivant l'autorisation de la loi ; il fut unanimement décidé de les laisser dans leur existence et pour la facilité de tous les habitants que d'en faire le partage [1].

A différentes époques, Lurcy, pour satifaire aux exigences de son budget, dût aliéner une partie de ses terrains communaux ; mais il lui reste ceux de *Forêt*, de *Bord* et de *Nérondes*. Ces communaux sont aujourd'hui affermés, défrichés et cultivés. Cette ferme produit un revenu net de 7.368 francs par an.

Bruyères de Fôret. — Contenance : 107 hectares 90 ares 35 cent. Le 9 décembre 1822 « l'agent de son Altesse Sérénissime Monseigneur le duc de Bourbon pour son duché de Bourbonnais », écrit au maire de Lurcy pour lui annoncer qu'il est dans l'intention de réclamer les bruyères de Forêt « au nom du duc à qui elles appartiennent en qualité d'engagiste du Bourbonnais » [2]. Soit que la réponse du maire ou que l'enquête qui dut se produire ne fut pas favorable aux prétentions de cet agent, toujours est-il que les bruyères de Forêt sont restées propriété communale.

(1) Séance du 27 juillet 1809

(2) Archives communales.

Bruyères de Bord et de Nérondes. — Contenance : 22 hectares 29 ares 5 centiares.

En dehors des anciens cahiers de la paroisse, la seule pièce antérieure à la Révolution que possèdent les archives communales, est une copie de l'exploit d'un huissier qui paraît s'être égaré dans ces bruyères et qui signifie son acte au premier villageois de la paroisse qu'il rencontre. Voici le texte de cet exploit dont l'original appartient aux archives nationales :

« *Information faicte des biens et héritages tenus en commun subjets un droit d'admortissement par les habitants de Lurcy-le-Sauvaige et ses villages de Farnay et la Villeneufve :*

« L'an mil six cens quarante deux, le unzième jour de octobre, à la requête de monsieur le procureur du Roy en la chambre souveraine des amortissemens, poursuitte et diligence de M. Jean Martinet, secrétaire ordinaire de la Chambre de Sa Majesté, chargé par Elle du recouvrement général des deniers provenans des dits droicts d'admortissement deus à sa dite Majesté par les gens de main morte du Royaume, Pays, Terres et Seigneuries de son obéissance, en continuant les commandemens cy devant faits et affiches mises et apposées en toutes les villes et paroisses de l'Election de Bourges, faute par les habitans de Lurcy-le-Sauvaige d'avoir fourny au Greffe de la Commission des dits admortissemens estably en la dite ville de Bourges, déclaration por le menu des biens qu'ils possèdent en commun subjets au dit droit d'admortissement en vertu de l'arrest de nos seigneurs de la dite chambre du vingt neuf septembre mil six cent trente neuf, j'ay, huissier soubsigné, me suis exprès transporté à cheval, de la dite ville de Bourges au dit lieu de Lurcy-le-Sauvaige où estant et parlant à Michel Bourjonier, laboureur, demeurant au village de Villeneufve paroisse du dit Lurcy, pour et au nom de tous les habitans du dit lieu, je lui ay fait itératif commandement de, présentement, me déclarer les biens qu'ils pocèdent en commun, la situation et la valeur d'iceux, pour en leur présence en être dressé une information et éviter de plus grands frais qu'ils pouroient encourir, leurs protestant en cas qu'ils en soient reffusans de me transporter au lieu où sont situés les dits biens avec gens à ce cognoissans pour, à leurs frais et despens, être dressée la dite information de tous leurs dits biens subjets au dit droict d'admortissement ; lesquels, au dit nom, m'ont fait responce que les habitans du dit Lurcy-le-Sauvaige, possèdent en commun un communal que l'on appelle les *Nérondes*, contenant six septerées de terre ou environ. Plus un autre communal situé au village de Farnay qui contient douze septerées de terre ou environ, qui s'appellent les *bruières de Bors*. Plus un autre communal contenant dix septerées qui s'appellent *les communaulx des Sautereaux* et que les dits trois communaulx peuvent valoir en fond la somme de douze cens livres, de laquelle déclaration j'ai dressé la présente information pour, sur icelles estre proceddé à la taxe par Nosseigneurs de la Chambre. Fais les jour et an que dessus, assisté de Charles Lesieur huissier résidant à Bourges et de Jean Moret et Jean Louyset laboureur de la d. paroisse qui ont déclaré ne savoir signé de ce anquis.

(Signé) Roursseau. Lesieur. » (1)

L'école mixte, créée en 1883 aux Bruyères-de-Bord, compte cinquante élèves.

ANCIENNES MESURES LOCALES

On en comptait trois : l'*hâte*, le *boisseau* et la *mesure* ; cette dernière dénomination prise indifféremment pour mesure de capacité et pour mesure agraire.

L'*hâte* était la mesure spéciale des prés. Elle représentait trente pas carrés, soit environ neuf ares (2).

Le *boisseau* de Lurcy valait exactement 2 décal. 064,267.

(1) Archives nationales. Section administrative (partie domaniale), série P, portefeuille P 746, cote 2150.

(2) Les archives du château de Lévy contiennent un acte du 14 avril 1700, « pour l'acquisition d'une haste de pre en la prairie de Poligny » (carton 25).

Limoise et le Veurdre avaient aussi leur boisseau particulier comme l'indique un titre de rénovation du terrier de Pouzy, mais je ne saurais en déterminer la contenance.

Il est dit dans cet acte que les propriétaires des Amonins, devaient, entre autres redevances, payer à la dame de Pouzy, les uns, six boisseaux d'avoine, mesure comble de Limoise et les autres, un boisseau seulement, mesure comble du Veurdre.

Le boisseau de Lurcy était appelé *modurier* ou *mesure*, et l'on donnait aussi ces noms et ceux de *modurée* et de *modurelée* à l'étendue de terrain qu'un boisseau pouvait ensemencer (1).

Pour ne pas rompre entièrement avec le passé, le pays a conservé cette vieille appellation *mesure*, qu'il a mise en concordance avec le système décimal, qu'il s'agisse de désigner un double décalitre ou la dixième partie de l'hectare.

Cependant, le mot *modurier* n'a pas été sacrifié entièrement, et on le retrouve dans le verbe populaire *modurer*, pour mesurer des graines au double décalitre.

Quant à l'*hâte* (de *hasta*, bâton), le mot n'a plus aujourd'hui, dans nos campagnes, que le sens de timon de voiture. Mettre les bœufs à l'hâte, c'est les atteler, les attacher ensemble à la voiture.

ANCIENS REGISTRES DE L'ÉTAT-CIVIL

Avant 1792, les registres de l'état civil étaient tenus par le clergé. On les appelait alors *registres paroissiaux*.

Les plus anciens registres de Lurcy remontent à 1622.

(1) « Au territoire de Fretière, les bruyères appelées les Seilles contiennent trente *modurées*. » (Rénov. du terrier de Pouzy, 1777). « Vente à Charles de Lévy, seigneur de Poligny, pour trois livres trois sous de trois *moduriers* de terre au terroir de la Brosse..... Vente à Gilbert de Moussy, seigneur de Béguin, par Mathieu Durand, de 12 *modurelées* de terre..... Guerpine par Pierre de Rue à Guillaume Petit d'une pièce de terre de 4 *moduriers*, mesure de Lurcy ». (Arch. du chât. de Lévy, cartons 1er et 26). « Le sieur Peneau, demeurant à Pouzy, possède au finage du Grand-Villers, paroisse de Neure, 12 *modurées* de terre des environs appelées les Auberies. » (Extrait du terrier des Bénédictins de Saint-Pierre-le-Moûtiers, 1792.)

Comme partout ailleurs, les curés inscrivaient sur ces registres, indépendamment des actes de baptêmes, de mariages et de sépultures, des notes quelquefois précieuses pour l'histoire locale : bénédictions de cloches, de monuments, d'établissements industriels ; observations météorologiques, calamités publiques, mercuriales, etc. Ils se servaient aussi de ces régistres comme mémorandum ; aussi y trouve-t-on souvent des notes qui prêtent à rire. C'est ainsi qu'en 1644, le curé inscrit que Pierre Moreau *(son sacristain sans doute)* a pris dans la grange une certaine quantité de foin dont il lui a payé une partie et dont il rendra l'équivalent de l'autre partie à la prochaine récolte ; qu'il lui a été commandé des messes et des évangiles, que « les évangiles sont *dictes,* » mais qu'il lui reste à dire une messe de Saint-Antoine pour Pitalier, une de Saint-Jean pour Collin, une de la Vierge et un *Salve* pour Périllon de la Buchère et quatre messes de Saint-Gervais pour les dames de Lurcy ; enfin, qu'il lui faut neuf livres de beurre *à sept sous la livre,* des poulets, etc., etc.

Quelques actes sont écrits en latin. En voici un, entre autre, qui me paraît assez curieux pour être reproduit. Il s'agit d'un baptême qui donna lieu, je ne dirai pas à un charivari, mais à une manifestation quelque peu bruyante, à laquelle prirent part des bourgeois, des hommes de loi, des chirurgiens que j'ai reconnus parmi les signataires de l'acte :

TEXTE

« *Hodie die vigesima septima mensis Januarii anni* DNI *1662, baptizatus fuit Gilbertus Moge, filius illegitimus Gilberti et Hilaria Louchon, Patrinus. Gilbertus Douet; matrina, Catharina Level.*

Et hæc solemnita cum bucina, timpano imo etiam variis aliis, magna etiam populi occuria. a me subscripto.

Colombier, Douet, Dupuis, Sonnet, Giraudeau, Giraudeau du Creuzet, Jean Gallion, Denizeau, Alaroze, R. Reconvergue, P. Ligier et Féraud, curé. »

TRADUCTION

Aujourd'hui, vingt-septième jour du mois de janvier de l'an du Seigneur 1662, fut baptisé Gilbert Moge, fils illégitime de Gilbert et d'Hilaire Louchon. Parrain, Gilbert Douet ; marraine, Catherine Level.

Cette cérémonie a été faite au son de la trompette et du tambour, et encore d'autres instruments, avec grande affluence d'assistants, par moi soussigné.

(Signatures.)

L'acte suivant n'a rien de particulier, si ce n'est qu'il montre qu'en tous les temps l'Eglise n'a jamais refusé les honneurs à ceux qui voulaient les payer :

« Aujourd'hui, mardi douzième mars 1634, a été ensépulturé, honorable homme Martin Charnay, surnommé Saulnier. Les siens lui ont faict faire un honorable service : mon vicaire a esté jusques en la maison pour enlever le corps et l'accompaigner. (Signé : Bourdeuge). »

Il est d'autres actes dont la rédaction ne manque pas d'originalité, tels, par exemple, l'acte de baptême de « Nicolas, fils de Jacques Coignier et de Marie Dalodière qui, trouvés dans une grange, au village de Chavy, n'ont point voulu dire de quel pays ils étaient » (15 janvier 1692), et celui de « Gabriel, fils naturel et illégitime de Pierre Durist et de Jeanne Berthomier, veufve de défunt Jean Bordier, le dit Durist marié à Marguerite Piqueboeuf (3 décembre 1698) ; tels l'acte d'inhumation de Pierre Larry, de la paroisse de Couleuvre, décédé à Lurcy, « le 15 janvier 1716, par une mort précipitée sçavoir d'un coup de pié de cheval », et celui de Gilbert Buxerol, « lequel étant tombé de dessus sa charrette proche l'étang *Pissonnière* (*sic*) de cette paroisse, en conduisant la dixme au seigneur, fut transporté par Gilbert Nauger et Jean Buxerol, ses neveux, témoins de sa chute, dans son lit où il expira » (4 août 1751).

Les 8 novembre 1712, 10 janvier 1720 et 11 avril 1730, les registres constatent le décès de Guillaume Lacorne, de Jean Baumier et de François Manteau, tous les trois centenaires.

Parmi les signatures des grands seigneurs et dames qui se sont succédé dans les terres et fiefs de la contrée, des officiers de la justice, des religieux de Lorette et autres personnages remarquables, qu'on trouve sur les registres de la paroisse, j'ai relevé celle de Jean Destrapières, « docteur en médecine de la Faculté de Montpellier, médecin à Bourbon, qui vint tenir un enfant sur les fonds baptismaux ». On sait que c'est à ce médecin, qu'en 1687, Daquin avait adressé Boileau atteint d'une extinction de voix.

MŒURS, CARACTÈRE

Enfant de Lurcy, pourrai-je, sans être récusé, juger du caractère et des mœurs de mes compatriotes ? Je ne le crois pas. Dans tous les cas, je veux rester dans les limites de la prudence et me contenter de leur appliquer ce que Busching a dit des Bourbonnais en général : « Ils ont beaucoup de douceur dans le caractère..... Contents de leurs héritages, tenant à une vie douce et unie, ils dédaignent les moyens qui pourraient leur procurer une amélioration de fortune. » (1)

J'ajouterai pourtant qu'on trouve à Lurcy, une grande urbanité hospitalière, beaucoup de franchise et cet esprit d'indépendance commun à tous les lieux d'un accès difficile. Il rappelle son ancienne situation au milieu des forêts et les difficultés que présentaient alors les nombreuses anfractuosités des chemins dans lesquels il fallait s'aventurer pour y arriver.

LANGAGE

Lurcy n'a pas d'idiome, il n'a pas non plus d'accent particulier. Le langage est un français horriblement maltraité et auquel se trouvent mêlés de communes cacologies, la plupart empruntées à nos voisins du Berry.

En voici un exemple qu'il m'a été permis d'extraire d'un manuscrit, destiné à une prochaine impression, sur les sorciers et guérisseurs du Bourbonnais. C'est le récit sténographié des revers de fortune dont fut victime un cultivateur de Lurcy à la suite d'un sort qu'on lui avait jeté.

« Je vous counnais, vous n'allez pas y craire ça que je vas vous dire, c'est pourtant bin vrai, malhéreusement pour moué :

« Dans le temps que j'habitais Chante-Alouette, j'étions dans une petite ferme, moué, la Jeannette et puis

(1) *Géographie universelle*, tome V, page 592.

les gats qu'étions pas encore élevés dans ce moment, et j'y vivions bin héreux. J'avions tout ce qui nous fallint : des grains, des fruits et pis des bêtes que c'était défendu de trouver pu beau en *in yeu* (nulle part, en aucun lieu.)

« V'la qu'un jour, – y avait déjà longtemps qu'on était couchés avec la Jeannette, mêmement que je dourmions bin bravement tous les deux, — on frappe à la porte : Pan ! pan ! ça nous réveille :

« — Qui qu'est là ? que je fais.

« — C'est moi, Thoumas, qu'on répondit du dihors, et je reconnus la voix du père Cadet qui demeurait à une portée de fusil de cheux nous, dans une petite accense ousqu'il tenait une vache et une chièvre.

« — Quéque vous voulez ?

« — Ouvre donc, j'ai queuques petites chouses à te dire.

« — Quelle heure que c'est donc ?

« — C'est pas tard.

« — Bougez pas, je me leuve.

« Après être devalé du lit, j'allume la lampe et j'arregarde le r'loge :

« — Sacré chien malade, que je fais, c'est deux heures du matin.

« — C'est bin égal, ouvre seurement.

« Et moi, pauvre berraud, — ce que c'est quand on a son malheur à faire, — n'ayant aucune doutance que ça pouvait pas être rien de bin bon qu'il me voulait à pareille heure, et sans vouloir écouter la Jeannette qui me disait de rester tranquille, j'ouvris.

« — Te payes pas la goutte ? que me disit le père Cadet.

« — C'est pas pour çà, je m'émagine, que vous me fasez lever à c'tt'heure ? que je l'y demande.

« — Si fait, qu'il m'a répounu.

« — Allons, vieux fareeur, ne disez donc pas des bêtises et entrez vite, qu'il ne fait pas chaud à rester comme cà avec le barriau ouvert.

Mais il ne répondit rien et demeura dihors, les bras croisés et en m'arregardant avec un drôle d'air. Jamais je l'avais vu comme çà : ses yeux blettaient comme les yeux de la serpent qui guette le rossignolet.

« — Tu vois bien, me cria la Jeannette, qu'il se fouette de toué ; pousse-li la porte au nez et vins t'en te coucher.

« — Cette fois, je suivis bien le conseil de la Jeannette, mais le mal était fait : par la porte ouverte sans qu'aye besoin après minuit et avant jour, le sort que le père Cadet avait sur soué et sur ses bêtes, il venait de timber sur moué et sur les miennes ..... Risez, risez tant que çà vous plaira, moquez-vous de moué à vout'aise, c'est tr'jou's à partir de ce moment que mon cheptel s'est déperri et qu'après l'avoir tout perdu j'ai dû quitter ma ferme et aller travailler à mes journées. »

DEUXIÈME PARTIE

LA VILLE

RUES, PLACES ET FAUBOURGS

« L'histoire d'une ville est toute entière « dans les différents noms qui désignent cha- « cune de ses rues. »

(*Pierquin de Gembloux, notes sur Bourges.*)

Au mépris des anciennes ordonnances qui défendaient « non seulement de bâtir une maison neuve, mais même de rebâtir, reconstruire, relever et réparer les murs d'une maison qui fait face sur une rue ou place, dans une ville, bourg et même un village, sans requérir que les officiers de police en marquent la place ou l'alignement » [1] les habitants de Lurcy construisirent longtemps au gré de leur caprice, ce qui explique l'aspect disgracieux des anciennes rues de la ville. Néanmoins, depuis l'établissement du plan d'alignement, les saillies et avancées sur la voie publique disparaissent peu à peu.

Le plan d'alignement voté par le Conseil municipal, le 9 mai 1841, fut exécuté en 1848 et approuvé par le Ministre l'année suivante.

— *Eclairage.* — Le 1er août 1833, le Conseil avait demandé que les rues de la ville fussent éclairées pendant la nuit; ce vœu fut renouvelé en 1865 et, pour la première fois, le 21 novembre de cette dite année, la Ville fut éclairée par 11 reverbères [2]. Le nombre des reverbères est aujourd'hui de 32, encore est-il insuffisant.

(1) Le Poix de Fréminville : *Traité de la Police générale.*

(2) La dépense du premier essai d'éclairage a été de 1,048 francs.

Nom des rues. — Avant 1887, les noms des rues étaient dûs à la fantaisie des habitants ; mais, cette même année par délibérations des 9 août et 3 septembre, l'Administration municipale leur consacra des noms officiels, qui furent approuvés, les uns (noms ordinaires) par un arrêté préfectoral, les autres (noms constituant un hommage public) par un décret du Président de la République.

Règlements de police. — Plusieurs arrêtés de police règlementent l'entretien des rues, tant au point de vue de la salubrité publique qu'à celui de la sécurité des passants. L'arrêté du 9 juillet 1808 interdit les anciens feux de joie, dits « feux jaunets », qu'on avait coutume d'allumer dans les rues et places de la ville, la veille de la Saint-Jean-Baptiste et même à l'occasion de toutes les fêtes chômées. Mais il est difficile d'anéantir d'un trait de plume les vieilles traditions, les usages plusieurs fois séculaires, aussi fallut-il un second arrêté pour porter le coup mortel aux feux jaunets. « Il est fait défense, — dit cet arrêté, qui porte la date du 5 février 1820, — d'allumer des feux dans les rues et carrefours excepté pour le grillage des cochons, qui devra être fait avec beaucoup de précaution et jamais de nuit. » Enfin les règlements de police de 1849, 1852 et 1860 ordonnent le balayage trois fois par semaine et ne tolèrent plus les jets de liquides ou de crasses par les croisées pas plus que les dépôts d'immondices et de fumiers devant les portes.

J'ai consacré un chapitre particulier à chacune des rues et places de la ville, y compris celles qui ont été oubliées dans la nomenclature officielle.

RUE DE L'ABATTOIR

Cette rue conduit à l'abattoir public. Avant la création de cet utile établissement, c'était la rue du Grand-Pont ; mais, l'un et l'autre de ces noms n'ont jamais reçu la sanction officielle.

Depuis fort longtemps, l'administration municipale désirait faire cesser un spectacle dégoûtant, celui des animaux de boucherie égorgés sur tous les points de la ville. En 1849, elle vota l'établissement d'un abattoir. Ce vote, renouvelé en 1868 et en 1870, reçut enfin son exécution en 1872.

L'abattoir de Lurcy a été ouvert le 15 janvier 1873. Il occupe « en aval du grand pont de l'Anduise » un emplacement naturellement désigné.

Un arrêté de police du 9 novembre 1820 faisait « expressément défense aux bouchers et à tous autres particuliers qui tueraient des bestiaux, de laver et nettoyer les intestins ou tripes de ces mêmes animaux, ailleurs qu'au-dessous du grand pont. »

La ferme de l'abattoir est inscrite au budget pour une somme de 705 francs.

RUE BARRA-VIALA

Autrefois, cette rue, qui donne accès d'un côté à l'école communale des filles, ainsi qu'à la salle d'asile qui lui est annexée, et de l'autre à d'anciennes carrières de sable, était vulgairement appelée *Rue du Crot de sable* ou *Rue Derrière-le-Cimetière*. Sur le plan d'alignement, c'est la *Rue de l'Université*, et, dans une délibération municipale en date du 14 septembre 1816, elle est désignée sous le nom de *Rue descendant au petit pont derrière le Palais*.

Extrait du rapport du Maire au Conseil municipal dans la session du 22 novembre 1887 :

« Messieurs..... la Commission que vous avez désignée pour délimiter les rues de la ville et donner un baptême officiel à celles dont les noms n'avaient jamais été ratifiés par l'autorité communale... est d'avis que... le nom de l'*Université* qui, s'il n'est pas une ironie est au moins d'une prétention ridicule, soit remplacé par les noms réunis de *Barra* et *Viala*, ces deux enfants héroïques morts pour le salut de la République. Il est bon que la jeunesse de nos écoles s'inspire des exemples du patriotisme français, et celui que leur rappellera sans cesse le nom de ces enfants martyrs ne peut que lui être salutaire. C'est dans cet esprit, sans doute, que la Convention avait décidé que leurs bustes seraient placés dans toutes les écoles. »

RUE DE L'ANCIEN CIMETIÈRE

Depuis bien des années, l'hygiène publique réclamait le déplacement du cimetière, situé au centre de l'agglomération et dont l'étendue n'était pas en rapport avec la moyenne de la mortalité annuelle. En 1841 et en 1850, le Conseil avait voté sa suppression et fixé sa translation dans la *gagnerie du Seu*, sur la route du Veurdre ; mais ce ne fut qu'en 1861, qu'un décret impérial, en date du 20 mars, déclara cette translation d'utilité publique.

L'Administration communale se mit aussitôt à l'œuvre et, au mois d'octobre 1863, l'ancien cimetière put être désaffecté (1). Dix ans plus tard, en vertu d'une délibération municipale du 16 décembre 1872, l'emplacement qu'il occupait fut divisé en parcelles qu'on vendit à différents particuliers.

Sous la grande croix de l'ancien cimetière reposaient le corps du curé Labaume, mort à Lurcy en 1835, et, dans une urne, le cœur d'André-Louis-Marie-Théogène de Sinéty, « *dernier substitué au marquisat de Lévy* », comme il le dit dans son testament, décédé à Aix (Bouches-du-Rhône), en 1846.

C'était le fils aîné du marquis André-Louis-Marie de Sinéty. Il aimait beaucoup le pays, paraît-il, et ne pût se consoler du chagrin que lui causa la vente que dût faire son père de la terre de Lévy.

Les parents du curé Labaume, recueillirent ses restes et les transportèrent dans son pays d'origine. Quant à

---

(1) Le nouveau cimetière, dans la Gagnerie du Seu, occupe une superficie d'environ un hectare. Le prix du terrain a été fixé par le jury d'expropriation, le 15 novembre 1862, à 1.650 fr. et celui des murs de clôture a été adjugé le 17 avril 1853, a 5.460 fr. La dernière inhumation dans l'ancien cimetière a eu lieu le 20 octobre et la première inhumation, dans le nouveau, le 6 novembre suivant.

l'urne renfermant le cœur du fils de Sinéty, je tiens du curé Delhomel, qui administrait la paroisse à l'époque de la translation des corps, que, pour éviter les difficultés qu'il craignait de rencontrer, en demandant à l'autorité locale qu'on réservât à cette urne, sous la croix du nouveau champ de repos, la place qu'elle occupait sous celle de l'ancien, il la fit, sans bruit, transporter dans le tombeau de la famille Delhomel [1].

Dans les actes de décès des XVIIe et XVIIIe siècles, l'ancien cimetière est désigné sous les noms de cimetière de cette paroisse, de céans, de Lurcy, de l'église de Lurcy ; ou encore sous ceux de cimetière près, contre le domaine Jallet, le lieu Jallet, le lieu Gelé, le Vieux Gelé. De ces dernières appellations, données à l'endroit, celles du lieu Jallet et du Vieux Gelé ont seules survécu ; l'une employé dans les actes publics, l'autre dans le langage familier.

RUE DES ÉCOLES

C'est l'ancienne rue dite de l'*École*.

Les plus anciens renseignements que j'ai pû me procurer sur les écoles de Lurcy, m'ont été fournis par les registres de la paroisse.

C'est d'abord « *Venerabilis Petrus de la Farge, artium liberalium magister et vicarius Lurcensis* », qui comparaît le 12 mars 1626 pour tenir sur les fonts de baptême François Ferrier, fils d'Etienne et de Gilberte Bétaud.

Viennent ensuite :

X... (le nom en blanc) [2] « disant être de la ville de Mont-

(1) Dans les *Annuaires de l'Allier* de 1820 à 1824 inclus, de Sinéty figure parmi les officiers de la Légion d'honneur résidant dans le département, comme chef d'escadron de dragons de la garde royale. Quand il quitta le service, il était colonel de cavalerie.

(2) Ce n'est pas la première fois, qu'en feuilletant les cahiers de nos anciennes paroisses, je constate des lacunes semblables dans les actes de décès. Cela tient à ce que les curés chargés de la tenue de ces cahiers, les conservaient à la cure au lieu d'en avoir le dépôt à la sacristie, comme le prescrivaient les ordonnances, et qu'au retour de l'enterrement, ne se souvenant plus du nom du défunt, ils laissaient, dans l'acte d'inhumation, une place libre pour l'inscrire quand il plairait à leur mémoire de le leur rappeler.

ferrant ès-Auvergne, maistre d'escolle de ce bourg de Lurcy, inhumé le vendredi dixneuviesme jour de juin 1626, jour de Monsr Saint-Gervais et Saint-Protais ».

Puis : « honneste garçon Antoine Servantier, maistre ès-arts (1), qui figure en qualité de parrain dans un acte de baptême du 10 octobre 1670.

Et, enfin, « Jean-Baptiste Perrault, maistre d'échole à à Lurcy, qui assiste le 16 juillet 1695 au mariage de son collègue de Sancoins marié à Lurcy.

Pendant près d'un siècle, je perds la trace des instituteurs de Lurcy. Ce n'est, en effet, qu'en 1783 que je la retrouve en la personne de Bernard Bès, maître ès-arts (2), qui comparaît comme témoin dans un acte d'inhumation du 27 octobre.

En 1789, l'instruction était donnée aux jeunes filles par les religieuses de l'hôpital, et aux garçons par Paul Roumerchêne, *principal du collège.* (3)

A quelle époque faut-il faire remonter l'existence de ces deux maisons d'enseignement ? Je n'ai trouvé nulle part le moindre indice de leur activité.

L'année suivante, il n'y a plus de collège ni d'école pour les filles : l'ancien principal est devenu secrétaire-greffier de l'Administratisn municipale, et les sœurs ont abandonné leur établissement et quitté le pays.

En 1791, c'est un sieur Labour Paul-Robert, gram-

(1) Le rédacteur de l'acte qui avait écrit d'abord « maistre d'école de céans », barra ces mots pour les remplacer par ces autres : « maistre ès-arts », et cela probablement sur l'observation de l'intéressé, qui tenait à son grade universitaire et peut-être aussi pour flatter l'amour-propre du parrain et encourager sa genérosité.

(2) Registres de l'état-civil, acte de décès de son fils du 20 juin 1786. Dans un acte de la naissance d'un autre de ses enfants, il se qualifie principal et grammairien dans ce bourg.

(3) Ce titre, qu'avant lui avait pris Bernard Besse et qu'après lui prendra Labour Paul-Robert, semble indiquer que ces trois instituteurs devaient enseigner les premiers éléments de la langue latine.

mairien [1] « *maître eszarts* » [2] qui est « *principal du collège de cette paroisse.* » [3].

Il semble résulter de la lecture des arrêtés administratifs de l'époque que le sieur Labour était, sinon subventionné, au moins logé et moralement soutenu par la commune. Le 22 septembre 1793, le corps municipal le fit appeler et lui demanda des explications sur le fait de négligence qui lui était reproché : les parents des enfants se plaignaient et l'école était réduite à cinq ou six élèves.

Labour accueillit très-mal ces reproches et menaça les officiers municipaux de les dénoncer et, si on le renvoyait, de faire concurrence à son successeur. Et, de fait, le corps municipal ayant nommé un sieur Balthazar Trolet à la place de Labour, celui-ci acheta du marquis de Sinéty « une maison dite l'Avignonnerie à Lurcy » [4] et y continua d'enseigner la jeunesse.

L'aptitude de Trolet était basée sur ce fait « qu'il avait, pendant quatre ans, suivi les cours du séminaire de Bourges. »

Fut-il installé ? Je n'en ai pas trouvé la preuve.

« En Germinal, an III, dit Grégoire, le district de Cérilly, appliquant la loi du 27 Brumaire an III, décida qu'il y aurait, dans le canton de Lurcy, une école de garçons à Lurcy, à Couleuvre, à Pouzy et à Limoise; une de filles à Lurcy. Il n'y eut de nomination de maîtres que pour Lurcy. Pierre-Robert Labour, instituteur, et Anne Ramond, femme Bernard, institutrice. Nous croyons que le sieur Labour était le mauvais instituteur de 1793. Il fut encore destitué à la suite de plaintes des familles.

(1) Etat-civil, acte de décès nº 11, du 19 février 1793, qu'il signe comme témoin.

(2) Etat-civil, acte de mariage dudit Labour du 20 juin 1792.

(3) Etat-civil, acte de décès nº 114, du 30 décembre 1792, dans lequel il comparait comme témoin.

(4) Archives du château de Lévy, carton 51 et minutes de l'étude de Mº Mage, notaire à Lurcy.

Quant à l'institutrice il n'est question, dans les registres, ni d'elle ni de son école. »[1]

Le premier jour complémentaire de l'an VII (17 septembre 1799), la Municipalité appelle à la direction de l'école un sieur Gillet Gilbert, « maître ès-arts reçu en l'Université de Bourges, en 1775, grammairien, humaniste, ayant exercé, avant la Révolution, dans différents collèges et qui, aux connaissances nécessaires, joignait le civisme le plus pur et des mœurs irréprochables. »[2] Tant de titres et de qualités ne purent empêcher le sieur Gillet d'être destitué en 1808 pour cause d'immoralité.[3]

Je le retrouve, en 1810, receveur-buraliste des droits réunis ; en 1813, instituteur libre avec autorisation du recteur ; et de juin à décembre 1815, secrétaire de la mairie. En Pluviôse an XII, il était marguiller.

De cette époque à nos jours, la succession des instituteurs n'a subi aucune interruption.

Il n'en est pas de même des institutrices.

Pendant cinquante ans et de temps à autre, on trouve, pour les filles, quelques écoles libres sans importance, celles de Mesdames Moreau et Duchenet, par exemple : encore cette dernière recevait-elle également les petits garçons.

Il vint un moment pourtant que l'administration locale prit quelque souci de l'instruction des filles.

En 1836, le Conseil fut saisi d'une proposition d'établissement d'une école pour les filles qui serait tenue par des sœurs hospitalières ; et, en 1838, le curé de la paroisse céda à la commune « un local convenable pour cette destination. »[4] L'école ne fut ouverte qu'en 1841. J'ajouterai que, déjà en 1807, une délibération du 20 septembre demandait le rétablissement de l'hospice pour le soulagement des pauves et l'éducation de la jeunesse.

(1) L'ancien canton de Lurcy.

(2) Voir délibérations municipales des 17 septembre 1799 et 4 décembre 1812 et cahiers paroissiaux, aux actes des 11 janvier et 24 juillet 1785.

(3) Délibération municipale du 13 mai 1808.

(4) Délibérations des 10 février 1836 et 9 mai 1838.

En 1881, après la laïcisation de l'école communale des filles (1), les sœurs qui la dirigeaient ouvrirent une école privée à laquelle elles annexèrent, quelques années plus tard, une école enfantine.

La commune possède également une salle d'asile sous la surveillance d'un comité de patronage autorisé par arrêté préfectoral du 20 mai 1872.

En 1882, furent créées les écoles du hameau de Bloux ; en 1883, l'école mixte des Bruyères de Bord et en 1892, l'école mixte de la Plâtrière.

Enfin, pour être complet, je dois rappeler qu'en 1896, les frères maristes établirent une école libre pour les garçons.

Chronologie des instituteurs et institutrices de la commune de Lurcy-Lévy, depuis 1789.

§ 1er LA VILLE. — 1° INSTITUTEURS.

1789, Roumerchêne ; 1791, Labour ; 1793, Trolet ; 1794, Labour; 1799, Gillet; 1808, Sauvage (2); 1809, Aupy; 1813, Marmion (3) ; 1817, Chanudet ; 1835, Bouguin ; 1838, Bouquet ; 1839, Bérard ; 1875, Perrin ; 1880, Boissonnet ; 1881, Deschamps ; 1887, Chatagnat; 1891 Salgue ; 1893, Labouret ; 1897, Bonnichon ; 1897, Mazet.

2° INSTITUTRICES.

1789, Sœurs de la Charité ; 1794, Mme Bernard ; 1841, Sœurs de Saint-Joseph de Clermont ; 1881, Mme Des-

(1) Je crois me faire l'interprète de la population de Lurcy en rendant témoignage du talent avec lequel Madame Anne Varennes, en religion sœur Priscille, dirigea pendant trente ans, la première classe de cette école, ce qui lui valut les plus flatteuses félicitations et une mention honorable du ministre de l'instruction publique. Appelée en 1873 à soigner les malades à l'hôpital de Lurcy, elle apporta, dans ses nouvelles fonctions, tout son dévouement. L'administration de l'hôpital, quand, pour la bonne sœur, a eu sonné l'heure de la retraite, lui a donné une preuve éclatante de son estime et de sa reconnaissance en décidant, pour la conserver à Lurcy, que sa retraite serait prise sur les revenus de l'hôpital.

(2) Je trouve à cette date, au registre des délibérations municipales, la propostition d'accepter le sieur Sauvage pour instituteur, mais il n'existe aux archives aucune trace de son installation.

(3) Renseignements officieux fournis par les anciens de Lurcy, mais nulle trace aux archives de sa personne ni de son école.

champs ; 1887, Mlle Jallet ; 1888, Mlle Méténier ; 1890, Mlle Véry ; 1891, Mlle Bot ; 1891, Mlle Gauthé,

3° DIRECTRICES DE LA SALLE D'ASILE.

1871, Mme Poirecuite ; 1891, Mme Forestier ; 1894, Mlle Gauthé.

§ 2. ECOLES DE HAMEAUX.

1° BLOUX.

Messieurs et Mesdames Brunet (1882) ; Henriot (1884) ; Turpin (1886) ; Plavéret (1890) ; Compagnat (1894).

2° BRUYÈRES DE BORD.

1883, Henriot ; 1884, Roux ; 1887, Trignardon ; 1888, Virmoux ; 1889, Fleuret ; 1890, Maussant ; 1891, Moigny ; 1891, Sonnet ; 1896, Lamoine.

3° LA PLÂTRIÈRE.

1892, Mlle Chabot ; 1894, Mlle Lemercicr ; 1895, Mlle Chaumeton.

PLAN DE FOIRE

« Le temps presse, on se verse à boire,
« On avale un croûton de pain,
« Un morceau de fromage, histoire
« De calmer la soif et la faim,
« Puis on se sauve au *Plan de Foire.* »

(*Ad. Clertan.*)

Plan de foire ou simplement *plan*, pour foirail, champ de foire. *Plan* ne désigne quelquefois qu'une partie du foirail, mais alors on ajoute à la suite le nom des animaux qui occupent cette partie : le plan des bœufs, des moutons, des chèvres, des cochons, des volailles.

Les foires de Lurcy ont toujours été renommées. Elles remonteraient à une époque assez reculée, mais je n'en trouve la trace qu'à dater du xve siècle : En 1413, « Noble homme Jehan Breschart, dit des Espoisses, escuier, vend à noble et puissant seigneur Jehan de Chastel Morant de Chastellus et de Pouligny, chevalier, pour 60 livres tournois comptant, son droit sur la layde de Lurcy » et en « 1509, le seigneur de Béguin afferme, pour un an, moyennant 50 sous tournois, sa part dans les laydes des foires et marchés de Lurcy. » (Terrier de Lévy.)

En 1686, le nombre des foires est fixé à quatre ; au 25 Thermidor an VII (12 août 1799), à dix, et en l'an IX, à quinze. Actuellement et depuis 1892, les foires de Lurcy sont ainsi déterminées :

4e lundi de janvier, février, mars, septembre et décembre ;

1er mai et tous les lundis du dit mois et du mois de juin (pour les moutons) ;

Et le lundi qui précède le 11 novembre. Cette foire est dite de la Saint-Martin.

Le 1er mai est une foire-fête. Le 2 août 1837, le Conseil avait émis le vœu que cette foire durât deux jours. Le Maire transmit ce vœu au Préfet, mais aucune suite n'y fut donnée.

Le plan de foire actuel, établi en 1868 dans la gagnerie de Sezot, a été planté d'arbres, essence platanes, l'année suivante.

BOULEVARD GAMBETTA

> « Il faut toujours raconter une légende quand elle est amusante, alors même qu'elle n'est pas vraie. »
>
> (*F. Duquesnel:* Lanterne *du 12 juillet 1897*

Formé de la rue d'Allier, du haut de la place de la Liberté et de la rue de la Garenne, le boulevard Gambetta est bien certainement ce que la ville peut offrir de plus présentable.

De la gendarmerie, son point de départ à la *Moutte*, son point de jonction avec la rue de Lévy et le faubourg des Porcelainiers, il mesure un kilomètre. Toute la partie connue avant sous le nom de rue de la Garenne, est plantée de chaque côté de platanes de belle venue qui lui donnent l'aspect le plus agréable et en font, pendant la belle saison, la promenade favorite des habitants.

La *Moutte*, corruption de *Motte*, est une butte qui servit longtemps de foirail pour les gros bestiaux ; on l'appelait le *Plan des bœufs*.

La tradition, qui s'entend si bien à mêler les anachronismes au surnaturel, veut qu'autrefois, — il y a longtemps, bien longtemps de celà, c'était aux siècles antérieurs à la civilisation gauloise, alors que Lurcy justifiait largement son nom de *sauvage* qui était l'état de ses habitants, la tradition, dis-je, veut que la *Moutte* ait été le lieu où tous les ans, au mois de mai, on célébrait la fête du Soleil. Il y avait alors, dit-on, à cet endroit, une source d'eau chaude qui servait aux ablutions, fort en usage, en ce temps là, et à laquelle avaient recours les malades, quels que fussent leurs maux, parce qu'elle les soulageait toujours quand elle ne les guérissait pas entièrement.

Mais, il advint un jour, ou plutôt une nuit, que la *fée des eaux,* — une méchante fée s'il en fut, — déroba la source, qu'elle dissimula dans les plis de sa robe, et la transporta à Bourbon. Elle se disposait d'opérer de même pour la Moutte quand le lever du soleil vint à propos l'empêcher de consommer jusqu'au bout sa vilaine besogne.

Les détails de cette légende varient suivant les narrateurs. En effet, les uns n'admettent qu'une moutte avec une source unique ; les autres, trois mouttes avec chacune leur source et, parmi ces derniers, il en est qui veulent qu'au commandement de la fée les trois sources partirent en bloc, et d'autres qu'elles partirent l'une après l'autre. Enfin, d'aucuns prétendent que Bourbon ne dût qu'au hasard la possession de ses sources : Pendant que la fée, sans but déterminé, voyageait dans le ciel avec les sources chaudes de Lurcy dans son tablier *(sic)*, elle laissa échapper un coin de ce vêtement et les eaux avec. Bourbon, se trouvant sur leur passage, les reçut.

A côté de cette première légende, qui a son cachet topique, il en est une autre qu'on retrouve dans presque tous les pays. La *Moutte* recellerait, dans un vaste souterrain, des trésors immenses ; mais l'entrée de ce souterrain n'apparaît et ne reste ouverte qu'une fois chaque année, le jour des Rameaux et seulement pendant le temps que le curé prononce les paroles sacrées pour faire ouvrir les portes de l'église. Quel est l'ambitieux assez téméraire pour, dans de telles conditions, oser s'aventurer dans ce dédale ? On raconte bien qu'au temps jadis un certain chevalier, de retour des croisades, y pénétra avec sa monture ; mais on ajoute que oncques on ne le revit.

ALLÉE DE LA GARE

L'allée dite de la Gare n'était, dans le principe, qu'un étroit chemin créé pour faciliter aux piétons l'accès de la gare. Il avait été obtenu, au mois de mai 1887, de la compagnie concessionnaire du chemin de fer de Sancoins à Lapeyrouse, par la commission d'enquête sur le choix d'un emplacement de station à Lurcy. Mais depuis dix années ce chemin a été entièrement métamorphosé. Successivement nivelé, élargi, planté d'arbres, garni de trottoirs, éclairé la nuit, par les soins de l'autorité locale, il est devenu l'*allée de la Gare*.

La disposition des deux ponts, établis sur les bras de l'Anduise, qui coupent cette allée, en interdit le passage aux voitures.

En amont du second pont et sur le bras portant le nom de *fausse rivière*, il a été établi un lavoir public.

AVENUE DE LA GARE

Autrefois, route de Valigny, rue du petit Pont, rue Saint-Antoine, etc. Cette rue doit son nom actuel, le seul officiel, à l'établissement de la gare du chemin de fer, ouverte au public en 1890.

L'abreuvoir du petit Pont, créé par délibération du 9 novembre 1871, a été exécuté l'année suivante.

Au-dessus du petit Pont, près du sentier qui joint les routes de Valigny et de Bloux, existait, il y a quelque trente ans à peine, un gour profond appelé le *puits d'enfer*. La culture a fait disparaître le gour, mais l'emplacement qu'il occupait a conservé le nom de *puits d'enfer*, et la légende qui s'y rattachait n'a rien perdu de son ancienne faveur. A cet endroit, — vous dira-t-on, — si vous placez votre oreille contre terre, vous entendrez distinctement un bruit de pas de bœufs et les gémissements de l'homme qui les conduit. Cet homme était un cultivateur de la paroisse. Un jour de Fête-Dieu, au lieu d'entendre la messe et de suivre dévotement la procession, il *lia* ses bœufs et se rendait à ses champs quand, passant près du gour, il y fut attiré et englouti avec son attelage.

Saint-Antoine est une vieille auberge qui aurait conservé le vocable d'une ancienne petite communauté religieuse qu'elle a remplacée, mais dont je n'ai pu, nulle part, découvrir l'existence.

RUE DE LA HALLE

Anciennement rue des Chèvres, parce qu'alors l'endroit était affecté, les jours de foires, aux sujets de l'espèce caprine.

Au commencement du siècle, le propriétaire de la terre de Lévy s'étant approprié les anciennes halles de la ville et les ayant vendues, on dut, en attendant la construction d'une nouvelle halle, transporter le marché des blés tantôt sur un point, tantôt sur un autre, mais le plus souvent sous le porche de l'hôtel du Dauphin. Cet emplacement était très incommode d'abord et notoirement insuffisant ; il souleva des plaintes légitimes, qui amenèrent au mois de novembre 1862 l'établissement provisoire de la halle aux grains dans la Mairie actuelle.

Déjà, en mai 1836 et au mois d'août 1850, le Conseil municipal, reconnaissant que la nécessité d'une halle à Lurcy s'imposait, avait voté les fonds indispensables pour son édification, mais il se heurta sans doute contre des difficultés administratives, puisqu'il ne put obtenir la réalisation de son vœu. Le projet fut repris en 1866, par voie de concession pour vingt-cinq ans à une société d'actionnaires. Il réussit.(1) La nouvelle halle, construite

(1) Capital social, 15,000 francs, divisé en 158 actions au porteur de 100 francs chacune (acte de société du 9 juillet 1865).

en 1867, fut ouverte au commerce le 21 octobre de cette dite année.

La ville est entrée en possession de l'immeuble en 1892.

RUE DU CAPITAINE-LAFOND

La rue du Capitaine-Lafond a été formée, en 1887, de la réunion des anciennes rues de Paris et de Saint-Gervais.

Gabriel-Pierre-Marie-Mars Lafond naquit le 3 germinal an IX (25 mars 1801), chez son grand-père, Pierre Lafond, notaire public et ancien président de l'administration municipale de Lurcy. La maison où il reçut le jour est habitée, aujourd'hui, par M. Arnoux-Desbruères, négociant. Son père, Pierre-Gabriel Lafond, était chef de bataillon commandant de place à Painbœuf, et sa mère, Jacquette-Marie-Madeleine de Mayet, était fille de Guy de Mayet, ancien officier de la marine royale.

Le roi Murat, qui avait tenu sur les fonts de baptême Joachim Lafond, frère de Gabriel, avait, en 1813, désigné celui-ci pour faire partie de ses pages. Il était à cette époque au lycée de Nantes. Les événements en ordonnèrent autrement. Il entra dans la marine en 1818, comme pilotin, et arriva très rapidement au grade d'officier. Pendant quinze années consécutives, il parcourut les parties les plus remarquables des Philippines, de la Chine, du Mexique, du Pérou, du Chili, les îles Mariannes, les Moluques, les îles Sandwich, celles des Amis, divers autres groupes de l'Océan Pacifique, les îles de la Sonde et quelques parties de l'Inde.

« De retour à Paris, en 1833, M. Lafond y créa une direction maritime et commerciale, destinée à faciliter les relations entre les ports et le commerce parisien. Plus tard (1836), il fonda l'*Union des ports*, société anonyme, ayant le même but. Choisi par Costa-Rica pour consul, en 1849, il devint, peu après, son seul chargé d'affaires. L'un des fondateurs de la Société des Economistes, en 1835, il a été élu membre de la Société de géographie de Paris, dont il a reçu le titre de scrutateur en 1869 ; correspondant de l'Institut de Londres et décoré de la Légion d'honneur (1845). — Il est mort en avril 1876 » [1].

Le capitaine Lafond (de Lurcy), comme il signait, joignant toujours à son nom patronymique celui de sa ville natale qu'il aimait, s'est présenté en 1848, aux suffrages des électeurs du département de l'Allier pour les représenter à l'Assemblée nationale ; mais la liste sur laquelle il figurait en compagnie des de Courtais, Tourret, de Tracy, Bureaux de Puzy, Desmaroux, Aupetit-Durand et Terrier aîné, n'eut pas la majorité.

Ecrivain de mérite, le capitaine Lafond (de Lurcy), a publié :

Quinze ans de voyage autour du monde (1839, 2 vol. in-8.) [2]; *Des Iles Marquises et des colonies de la France* (in-8.) ; *Un mot sur l'émancipation de l'esclavage et sur le commerce maritime de la France* (in-8.) ; *Etudes sur l'Amérique espagnole, sous le rapport des intérêts de la France et de sa navigation* (in-8.) ; *Guide général de l'assureur et de l'assuré en matières d'assurances maritimes* (1837, in-8.) [3]; *des cartes de l'Amérique centrale*, etc.

Arrêtons-nous un instant devant la maison Couret, un édifice du XVe siècle à pignon de bois ayant saillie sur rue. La date 1619, qui figure sur une pierre encastrée dans le mur de façade, est bien postérieure à la construction de cette maison. Elle doit rappeler seulement l'année d'une restauration.

D'après la commune croyance, cette maison aurait été, dans le principe, une communauté religieuse d'hommes ou de femmes, sous l'invocation de Saint-Jacques.

Au siècle dernier, sous le même vocable, la communauté, comme la maison de Saint-Paul à Damas, avait fait place à une hôtellerie.

(1) Vapereau : *Dictionnaire universel des Contemporains*, cinquième édition (1880).

(2) Cet ouvrage a reparu deux ans plus tard, continué et considérablement augmenté, sous le titre de : *Voyages autour du monde et Naufrages célèbres* (1842, 2 vol. in-8.)

(3) Edition refondue en 1845 (in-8.)

L'existence de cette communauté me paraît bien problématique, d'autant plus que la seule épave qu'il en resterait, une statue de Saint-Jacques, trouvée il y a une cinquantaine d'années dans une niche grossièrement creusée dans le mur de la cave, peut aussi bien rappeler le souvenir de la maison de consommation que celui de la maison religieuse. « L'hostel où pendoit pour enseigne l'image de M. Saint-Iaques » était tenu, en 1756, par Pierre Gauthier, et en 1760 par Raymond Tonnelier.

En 1822, les associés Gouard, tourneur en faïence à Nevers, et Charles Cocheux, établirent dans cette maison une manufacture de faïence brune, qui devint rapidement « très productive et utile non seulement aux habitants de ce canton, mais encore aux communes voisines dépendantes du département du Cher ». (1) Déjà, en 1817, une fabrique de faïence brune et blanche avait été créée dans le pays par un sieur Toussaint Dubois, venu aussi de Nevers, mais elle n'eut aucune durée et je ne saurais dire si c'est dans la même maison.

La terre de Lurcy-Lévy, depuis longtemps reconnue propre à la fabrication de la faïence, avait sans doute attiré ces industriels, qui avaient pû en apprécier la bonne qualité à la faïencerie royale de Nevers. Les archives de Lévy contiennent une « permission par Charles de Lévis à Mes Godin et Custode, maistres fayenciers en l'*Ar ma Jolly*, à Nevers, de prendre sables et terres propres à faire de la vesselle de fayence dans l'étendue des terres et justices de Poligny, Lévy, Lurcy, Champ-Fromental, etc. 1625. »

En 1721, il y avait, à Lurcy, un marchand *fayantier (sic)*. Il s'appelait François Fouquet. (Registres paroissiaux).

Descendons la rue. Voici le *Cheval blanc*, la seule des hôtelleries du XVIIe siècle qui existe encore. « Le cinquiesme jour de février mil six cent septante-neuf, Guillaume Seizeville, hoste au logis du *Cheval blanc* », tient un enfant sur les fonts de baptême. (Id., id.).

(4) Lettre du Maire de Lurcy, protestant contre la demande de transfert, du canton au Veurdre, 17 décembre 1823.

Arrivons à la maison de M. Benjamin Desbordes, la dernière de la rue. En 1867, des manœuvres, occupés à la réparation des canivaux, mirent à découvert un cercueil enterré peu profondément partie sous la maison, partie sous la chaussée. Ce cercueil renfermait le squelette d'une personne de taille moyenne qu'on prétendit être celui d'un membre de la communauté de Saint-Gervais, établie jadis à cet endroit. Je ne crois pas que cette communauté ait jamais existé ; mais, ce que je sais c'est que la maison de M. Desbordes occupe l'emplacement de l'ancienne chapelle Saint-Nicolas, que la Révolution avait laissée debout et qui devint, après le rétablissement du culte, la chapelle Saint-Martin. Le 30 mars 1689, le curé de la paroisse enregistre l'inhumation « *dans la chapelle Saint-Nicolas, sise au bout du bourg de Lurcy* », de Jean Bellicon, drapier (Id., id.).

J'ajouterai cependant que, près de la maison Desbordes, il existe un lavoir public à la place d'une ancienne fontaine, dite de Saint-Gervais, et dont l'eau, d'après la croyance commune, avait la propriété de guérir la *maille* (kératite).

RUE DE LÉVY

Dans un acte du mois de novembre 1600, appartenant au terrier de Lévy (carton 1er), cette rue est désignée sous cette appellation : *chemin des Halles à Couleuvre*. On sait que la maison Gillet, située à l'entrée de la rue, avec façade sur la place de la République, occupe l'emplacement des anciennes halles de Lurcy.

Avant 1887, c'était la rue de Lévy, nom que l'Administration a conservé mais en prolongeant la rue jusqu'à sa jonction avec l'extrémité du boulevard Gambetta, à l'entrée du faubourg des Porcelainiers.

Il y avait, au siècle dernier, un chemin connu sous le nom de *rue de Lévy* qu'il ne faut pas confondre avec la voie urbaine qui nous occupe en ce moment. Ce chemin était situé hors la ville et j'ai trouvé, dans les minutes de Me Mage, notaire, qu'il avait été vendu le 27 juin 1752, à Jacques Hardoin-Mansard, seigneur de Lévy, par les époux Gabriel Lacroix.

L'ancienne hôtellerie du *Bœuf couronné*, dont le pays ne paraît pas avoir conservé le souvenir, devait se trouver à l'entrée de cette rue et occuper la maison appartenant aujourd'hui moitié à M. Pierre Besson, moitié à M. Louis Tartary. Il m'a été communiqué de vieux papiers, provenant de la famille Douet-Couleuvre, parmi lesquels se trouvait un fragment d'une requête adressée au châtelain de la justice de Lurcy. Ce document est sans date, mais l'écriture rappelle celle de la fin du XVIe siècle. Il est dit, dans ce document, que le « logis où pend pour enseigne le *Bœuf couronné* » est situé « proche les halles de ce bourg », et le registre des baptêmes, mariages et sépultures de 1699, donne, pour cette dite année, le nom de l'hôte de ce logis : il s'appelait Antoine Bailly.

Descendons la rue et arrêtons-nous devant la maison de M. Charles Boutry, notaire honoraire. A la Révolution, cette maison était appelée le *Couvent*, la Maison des sœurs. En réalité, c'était l'asile des abandonnés et des miséreux de la vie, c'était l'hôpital.

Les archives du château de Lévy contiennent (carton 25), les titres de la fondation de cet hôpital, par G. Baraton, le 31 décembre 1468, et par la famille de Lévis, le 12 décembre 1720.

En 1790, l'établissement fut fermé et le 18 Ventôse an III (8 mars 1795), un arrêté de l'administration centrale du département de l'Allier portait « autorisation de le vendre ainsi que les dépendances et les meubles le garnissant. Il enjoignait en outre au sieur Sinéty, qui se disait le propriétaire du dit hospice, de payer non seulement la rente y annexée mais même le loyer et arrérages à titre d'experts ».

Le marquis de Sinéty, propriétaire de la terre de Lévy, protesta contre cet arrêté et le fit dans des termes qui, sans doute, parurent concluants, puisque l'administration centrale, par un second arrêté du 22 Thermidor an III (9 août 1795), ordonna « de surseoir à l'exécution de l'arrêté du 18 Ventôse ».

Un procès fut dès lors engagé entre la Municipalité de Lurcy et le marquis de Sinéty. Les deux parties réclamaient à leur profit respectif la propriété de l'immeuble et de ses dépendances. Ce procès était encore pendant au mois de novembre 1807 et ne dut pas être tranché en faveur de la commune, car le marquis put, quelques années plus tard et sans être inquiété, vendre à Gilbert Morand, notaire, la maison de l'hospice et ses dépendances. (1)

L'ancien hôpital de Lurcy était desservi par les sœurs de la Charité. Une école pour les filles était annexée à la maison.

Les registres de l'état-civil m'ont permis de relever les noms d'un certain nombre des religieuses de cet hôpital. Je ne donnerai que ceux des supérieures :

1730, Hélène Lecharnier ; 1733, Elisabeth Duchemain ; 1753, Charlotte Deline et 1768, Geneviève Amand.

Terminons par une maison située sur le même côté, mais un peu plus bas. Cette maison, d'une apparence des plus modestes, appartient à M. Brunet-Lusignat. Les différents locataires qui, depuis vingt ans, se sont succédé dans cette maison, en cultivant le petit jardin qui en dépend, ont découvert un certain nombre de pièces de monnaies qui y avaient été probablement cachées pendant les guerres civiles du XVIIe siècle.

J'ai eu l'occasion de voir quelques-unes de ces monnaies, entre autres :

Une cinquantaine de pièces d'argent de différentes valeurs à l'effigie de Henry II, de Charles IX et de Henry III, et quelques pièces d'or, dont un *pistolet d'Espagne,* découvertes de 1880 à 1890 ;

Plusieurs pièces françaises, semblables aux précédentes et deux pièces d'or, dont un florin fleurdelisé, à l'effigie de Saint-Jean, trouvées de 1890 à 1892 ;

Une pièce d'or, double ducas d'Espagne, à la double effigie de Ferdinand et d'Elisabeth, trouvée en 1893 ;

(1) Acte sous-seings privés du 11 novembre 1812.

Un teston, à l'effigie de Saint-Ursin, du poids de 7 deniers 10 grammes ; et un jocandale de 1549 à l'effigie de Jean Albert. Ces deux pièces, frappées en Suisse, découvertes en 1894 ;

Et, enfin, un demi écu Henry II, roi de France et de Pologne, et autres pièces d'argent de Philippe II d'Espagne, découvertes également en 1894. (1)

PLACE DE LA LIBERTÉ

Cette place est successivement désignée dans les registres des délibérations municipales sous les noms de *place de la Liberté* (23 Thermidor an IV), place Publique (10 Prairial an IV), place du Marché (3 mai 1836), place de l'Eglise (20 avril 1850) et enfin, et officiellement, place de la Liberté, nom que lui avait déjà donné les premiers administrateurs de la commune.

C'est sur la place de la Liberté que, sous la République et l'Empire, les citoyens se réunirent pour célébrer les fêtes des Epoux, de la Reconnaissance et de la Victoire, de la Souveraineté du peuple, de la Jeunesse, de la Vieillesse ; celles en mémoire des généraux Hoche et Joubert, des victoires des armées de la République et des proclamations de paix ; les anniversaires de la prise de la Bastille, du 10 août, de la proclamation de la République, de la juste punition du dernier roi des Français ; et enfin, sous l'Empire, la fête en l'honneur du sacre et du couronnement de Napoléon Ier et celle à l'occasion de « la victoire d'*Austerlique* » *(sic)*.

C'est sur cette place, qu'avec les pierres provenant de la démolition des autels de l'église et du support de la croix du cimetière, on construisit l'Autel de la Patrie (15 Pluviôse an VI) et qu'on planta les arbres de la Liberté.

Je n'ai point trouvé dans les archives communales la date de la plantation du premier de ces arbres que les citoyens entouraient, les jours de fêtes nationales, « en entonnant des chansons les plus républicaines et en fai-

(1) J'apprends, au dernier moment, que M. Péronneau fait construire dans cette rue, une usine pour l'éclairage à l'électricité.

sant des vœux pour sa conservation » (procès-verbal de la fête du 23 Thermidor an VI) et qu'ils appelaient « arbre chérie » *(sic)* (26 Messidor an VI), « arbre chéri des Français » (23 Thermidor an VI). Cet arbre était probablement péri lors de la célébration du cinquième anniversaire de la mort de Louis XVI, le 21 janvier 1798, puisqu'à cette date, d'après la relation officielle de cet anniversaire, « la jeunesse planta un arbre de la Liberté ». En 1848, les républicains de Lurcy, à l'instar de leurs pères, plantèrent aussi deux arbres de la Liberté, mais tous les deux le même jour : l'un sur la place, l'autre devant la Mairie.

L'ancien logis du *Dauphin* dont pour la première fois, vers le milieu du dernier siècle, j'ai trouvé la trace, était tenu en 1766, par François Bouillet. Il a subi, depuis cette époque, plusieurs transformations de nom. Sous la République, c'était l'hôtel des Patriotes ; sous l'Empire et jusqu'en 1880, l'hôtel du Cygne. Son nouveau propriétaire lui a rendu son nom primitif.

L'hôtel du Dauphin doit à sa situation sur la place où se tient le marché sa vogue constante.

En 1847 et 1848, pour le nivellement et l'agrandissement de la place, et en 1889, pour la construction de l'égout collecteur, on découvrit quantité de sarcophages gallo-romains d'un grès semblable aux pierres de taille des environs de Bourbon-l'Archambault (1).

Pendant les derniers travaux, en 1889, M. Pimint, entrepreneur de ces travaux, ayant remarqué un de ces sarcophages entièrement intact, l'offrit gracieusement au maire de l'époque, M. Petitjean, qui le fit déposer dans la cour de la mairie.

ANCIEN CHAMP DU MARCHÉ

L'ancien champ du marché est aujourd'hui une cour privée, commune à plusieurs propriétaires, et dont l'en-

(1) Deux sarcophages de la même nature de pierre ont été trouvés en septembre 1895, en labourant une terre, par des cultivateurs du lieu dit « de l'Etang », sur la commune de Naves. A 50 kilomètres à la ronde, on ne rencontre pas ce grès.

trée donne sur l'allée de la Gare. C'est un souvenir du vieux Lurcy que l'administration a tenu à perpétuer en faisant placer à l'entrée une plaque indicatrice.

Les marchés de Lurcy remontent loin dans l'histoire du pays. Il existe dans le terrier de Lévy un acte d'acquisition, par le duc de Poligny, du « *champ où se tient le marché de Lurcy* ». Cet acte porte la date du 7 avril 1410. On trouve également, dans le même terrier, des baux pour les droits de boucherie, laydes et minage perçus pour le compte des sires de Lévy dans les foires et marchés. Les derniers sont de 1771.

Au XVIIe siècle, d'Argouges, intendant de la Généralité de Moulins, parle des marchés de Lurcy qui ont lieu tous les lundis (procès-verbal de la Généralité de Moulins). Sous la Révolution, le lundi fut remplacé par le Primidi de chaque décade; mais un arrêté préfectoral du 3 Thermidor an X (22 juillet 1802), fixa de nouveau la tenue du marché le lundi de chaque semaine.

L'arrêté de police du 9 juillet 1808, réglementant le marché, porte « qu'il est défendu d'achepter aucunes denrées ailleurs que sur la place du Marché. Les coquetiers ne pourront achepter qu'à l'heure de neuf du matin. Seuls, les cabaretiers auront le droit d'achepter depuis l'heure de huit, mais toujours sur la place du Marché ». L'administration actuelle a reculé d'une heure, le moment, pour les coquetiers, d'acheter sur le Marché.

La ferme des droits de places pour les foires et marchés produit actuellement 3.600 francs. (1)

RUE MAZAGRAN

Ce nom rappelle le glorieux fait d'armes qui a immortalisé un de nos vaillants soldats d'Afrique, le capitaine Lelièvre. On sait que la valeureuse phalange, que commandait cet officier, n'était composée que de 126 hommes, mais 126 héros, lesquels, pendant quatre jours et quatre nuits résistèrent aux assauts furieux de 12.000 Arabes et les forcèrent de battre en retraite.

(1) A partir du 1er janvier 1898, le prix de la ferme sera de 4,800 francs.

Ce ne fut pas le Conseil municipal qui gratifia d'abord de ce nom cet étroit passage qui joint la rue du Palais à celle du Capitaine-Lafond et qui n'était — et n'est encore — qu'un casse-cou, mais la population de Lurcy. Néanmoins, en 1887, l'administration, sur le rapport du maire, s'empressa de ratifier le nom.

Voici un extrait de ce rapport :

« Défunt Jasset tenait café dans la maison qui forme une des encoignures de cette rue. Il avait fait tapisser la salle de son établissement avec un papier illustré représentant les différents épisodes des combats de Mazagran. Nos pères, comme nous le sommes tous, Messieurs, étaient patriotes, et tout ce qui pouvait contribuer à la grandeur et à l'élévation du nom français les enthousiasmait. Ils complimentèrent le père Jasset sur le choix de la tapisserie et l'acclamèrent en le nommant le père Mazagran. Ils baptisèrent également de ce nom la petite rue qui donnait accès à son café. »

RUE DE L'OSINE

C'est la désignation vulgaire d'une impasse qui donne accès à un lavoir public, dit également de l'*Osine* ou de l'*Ousine*, (1) corruption probable d'*oseraie*, qui rappellerait la nature de l'endroit avant son assainissement, *plutôt que d'usine*, comme on le croit communément.

Ce lavoir est un ancien bassin ou réservoir qui dépendait jadis d'une tannerie établie à cet endroit et disparue depuis longtemps. Dans les dernières années du premier Empire ou au commencement de la Restauration, — je ne saurais préciser, — il vint à l'idée de quelques voisins

(1) Cette dernière orthographe a été relevée dans une délibération municipale du 10 mai 1851. Dans le canton de Bourbon, une osine est un bourbier, un gour, un fossé fangeux ; dans celui du Montet, on donne ce nom aux bésières, qui sont les rigoles d'irrigation des prés. Dans une vente de 1405, qui figure au cartulaire de la terre de Poligny, redigé au XVe siècle, par noble homme Duillon, seigneur en partie de Langeron, à Jean de Chastelmorand, seigneur de Chastelluz et de Poligny, du moulin d'Affouart avec le fonds, treffonds, le saut, l'*ozine*, court d'aigue, etc., ce mot *ozine* semble désigner un bief.

d'utiliser ce bassin. Ils le débarrassèrent des décombres et des herbes folles qui en faisaient un repaire de reptiles et en rendaient l'accès difficile, et en firent un lavoir. Plus tard, et à différentes époques, principalement en 1836 et en 1862, l'administration prit à sa charge les frais d'entretien et de reconstruction de ce lavoir, qui occupait un terrain communal.

L'industrie de la tannerie devait être florissante à Lurcy pendant les derniers siècles, à en juger par le nombre relativement grand des *tanneurs, maîtres-tanneurs, tanneurs de peaux, marchands tanneurs, mégissiers, pelletiers, chamoiseurs, corroyeurs,* dont il est fait mention dans les registres de l'état-civil. De 1639 à 1740, j'en ai relevé plus de quinze.

Une autre industrie disparue et dont, sur les mêmes registres on trouve la trace, est celle des moulins à foulon.

Vers 1856, en amont du lavoir de l'Osine, les associés Gillet et Libeau établirent une fabrique de porcelaine qui n'eut qu'une existence éphémère, dix ans au plus. On l'appelait la petite fabrique. Elle occupait environ quinze ouvriers (1).

On voyait, il y a moins de cinquante ans, à l'entrée de l'impasse de l'Osine, à l'endroit même où, depuis, les habitants du quartier ont fait creuser un puits commun, une vieille croix qu'on connaissait sous le nom de *Croix des Courauds*.

On rapporte sur l'emplacement qu'occupait cette croix des légendes fantastiques, des histoires de voleurs, de pillards, de brigands, qui laisseraient croire qu'au moyen-âge cet endroit aurait été le théâtre d'un événement tragique. On assure même, et je me rangerais volontiers à cette opinion, que *courauds,* nom vulgaire auquel, entre autres sens, on donne celui de roulants, de vagabonds, pourrait bien être l'altération du mot français *cottereaux*.

On se rappelle que c'est dans notre voisinage, aux

(1) Une statistique de 1861 n'en donne que 13 (archives communales).

environs de Dun-sur-Auron, qu'en 1183, ces aventuriers, qui désolaient la province du Berry, furent complètement battus et anéantis.

Sur la route de Couleuvre, non loin du château de Lévy, dont il est une dépendance, se trouve un domaine qu'on appelle *les Cottereaux*. Il fut échangé, en 1750, contre le domaine de Breux. Dans un acte du 19 décembre 1721, portant acquisition d'un pré de trois charretées par le seigneur de Poligny, il est dit que ce pré est situé « proche le lieu *Cothereau*. »

RUE DU PALAIS

On voit dans les anciens registres du greffe du bailliage de Lurcy, conservés aux archives du château de Lévy, que, du 8 mai 1545 au 18 juillet 1547, « les jours de Poligny furent tenus à Lurcy, dans le palais de justice, par Martial Reconvergne, licencié en loix, chastellain du dit lieu. »

L'ancien palais de justice existe encore dans la rue à laquelle il a donné son nom.

Quelques temps après la suppression des justices seigneuriales, le 18 Thermidor an III, le marquis de Sinéty en passa la vente viagère à Denis Gillet, ancien curé de la paroisse ; mais à la mort du curé, arrivée le 1er Nivôse an VII, l'immeuble fit retour à l'ancien propriétaire.

Il est dit, dans une pétition du 20 novembre 1811, pour combattre les projets des habitants du Veurdre qui demandaient le canton, que « la ville de Lurcy a à sa disposition un palais de justice qui pourrait recevoir un tribunal de première instance. » On y installa plus tard la gendarmerie et, depuis 1896, les frères maristes y tiennent une école privée.

« En 1726, — dit aussi la pétition précitée, — il y avait à Lurcy un duché-pairie composé de sept juges, qui fut depuis changé en châtellenie d'où ressortissaient douze communes. »

Quelques officiers de la justice cumulaient les emplois. En 1680, Louis Mignard joignait à sa charge de procu-

A. PETITJEAN.

reur en la chastellenie de Lurcy et Pouligny celle de sacristain de la paroisse; et, en 1688, Jean Deroche, en même temps que procureur d'office, était sacristain de M. le marquis de Lévy. (Reg. paroiss.).

La rue du Palais était, sous la Restauration, assez malproprement tenue. A l'occasion du passage, à Lurcy, de l'évêque de Clermont, — le diocèse de Moulins n'était pas encore créé, — le maire avait pris, à la date du 30 août 1816, un arrêté accordant « aux habitants la huitaine pour enlever les terraux ou fumiers provenant de pailles, bruyères, *angerons* (ajoncs), *fouchères (sic)*, par eux jetés dans le milieu de la rue, à l'effet de les faire consommer. »

Il existait encore, en 1851, à l'entrée de la rue du Palais, avec façade sur la place de la République, une des plus anciennes hôtelleries du pays, le *Lion d'Or*. Elle avait pour tenancier, d'après les renseignements qui m'ont été fournis par les registres paroissiaux des XVIIe et XVIIIe siècles : en 1699, Léonard Pelletier, à qui succéda la veuve Pierre Florant ; en 1709, Claude Leclerc ; en 1753, Louis Pivet ; en 1771, Jacques Raby, et, en 1788, Antoine-Joseph Hutin.

RUE ALFRED-PETITJEAN

Ce nom est un gage de reconnaissance donné à l'honnête homme qui sacrifia les plus belles années de sa vie et ses intérêts personnels au service de la démocratie et de la commune de Lurcy, son pays d'adoption, qu'il administra longtemps.

Pierre-Alfred Petitjean est né à Sancoins, le 19 juin 1826, mais il vécut à Lurcy depuis sa plus tendre jeunesse. Victime du coup d'Etat de 1851, il fut déporté en Afrique où il passa deux années. De 1863 à 1890, qu'il dut donner sa démission pour raison de santé, il fut alternativement adjoint et maire. C'est sous son administration que fut décidée la création des premières écoles de hameaux. De 1883 à 1894, ses concitoyens l'envoyèrent représenter le canton de Lurcy à l'Assemblée départementale et, en 1888, le Gouvernement reconnut les services qu'il avait rendus en lui décernant les palmes académiques.

Je rappellerai, à cette occasion, les paroles de remerciement qu'il adressa aux nombreux amis qui s'étaient spontanément cotisés pour lui offrir les insignes de l'ordre, un petit chef-d'œuvre artistique, parce que ces paroles le dépeignent tout entier :

« ....Vous me dédommagez amplement, mes amis, des services que j'ai pu rendre à mon pays en m'accordant la récompense la plus flatteuse que puisse ambitionner un citoyen, récompense que l'intrigue et la faveur sont impuissantes à produire, récompense plus glorieuse encore qu'un ruban, plus précieuse que le joyau qui l'accompagne, pieuse relique pourtant que je lèguerai à mes enfants : le témoignage public de votre confiance, de votre sympathie et de votre estime. Jusqu'à mon dernier souffle, vous me trouverez sur la brèche, toujours prêt à donner à mon pays et à la République tout ce que je puis disposer de force, de travail, d'énergie et d'amour (1). ».

FAUBOURG DES PORCELAINIERS

Autrefois faubourg de la Rencontre.

Des quatre manufactures que comptait Lurcy, il ne restait plus, en 1887, que la fabrique du faubourg de la Rencontre, créée vers 1855, et qui devait, quelques années plus tard, subir le sort de ses aînées.

C'est à cette époque que le faubourg de la Rencontre échangea son nom contre celui de faubourg des Porce-

(1) *Démocratie du Centre* du 1er février 1889.

NOTA.— Au moment d'envoyer mon travail à l'impression, j'apprends que M. Petitjean s'est éteint doucement dans les bras de son épouse et de ses enfants. La mort de cet homme de bien, qui était l'ami de ma famille et dont j'étais heureux de posséder l'affection, est pour moi un vif chagrin, et puisqu'il ne m'a pas été possible de me joindre aux 2,000 citoyens qui l'ont accompagné à sa dernière demeure, qu'il me soit permis, comme suprême satisfaction, de déposer sur sa tombe le modeste hommage de ma profonde vénération.

Paris, le 3 juin 1897. R. F.

lainiers, afin, disait le rapport du Maire au Conseil municipal, « de perpétuer, dans les générations futures, le souvenir d'une industrie qui périclite, mais qui fit longtemps la réputation et la fortune du pays. » (Arch. communales).

Vers 1840, sinon à la place de la fabrique de porcelaine, au moins pas très loin, un vieux moulin à vent, qui dépendait jadis de la terre de Béguin, était encore en activité. En 1686, « Jean Berau était *munier* du moulin de Béguin. » (Reg. paroiss.).

RUE DES POTIERS

Avant 1887 rue *Traversière*. C'est du moins sous ce nom qu'elle figure sur la première feuille du plan d'alignement.

La poterie, industrie aujourd'hui abandonnée dans le pays, y était autrefois prospère. Les derniers fours étaient encore en activité vers 1860. Ils étaient établis dans cette rue, étroit passage qui joint la rue des Ecoles et le boulevard Gambetta.

Lurcy, — disaient en 1811 les officiers municipaux des communes de Lurcy, Couleuvre et Pouzy dans une lettre de protestation qu'ils adressaient aux Ministres de la Justice et de l'Intérieur contre les agissements de ceux qui demandaient le transfert du canton au Veurdre, — « Lurcy... a quatre manufactures de potteries *(sic)* renommées par leurs qualités, et qui entretiennent les départements de l'Allier, du Cher et de la Nièvre. »

PLACE DE LA RÉPUBLIQUE

Ce sont les habitants de cette petite place, après le 4 septembre 1870, qui l'ont spontanément baptisé *place de la République*, et c'est à leur sollicitation que, dix-sept ans plus tard, l'Administration légitima ce nom. Avant, c'était le Bas de la Place, la Petite-Place, la place du Centre, la place du Puits-Public, la place du Puits-de-l'*Halle* (*sic*), etc.. Ces deux dernières appellations, en raison d'un ancien puits qui, assez malencontreusement, en occupait presque le point central. Dans ces conditions, non seulement le puits de la halle entravait la circulation, mais il était sujet à de nombreuses détériorations, et, par suite, à des réparations continuelles. Il est vrai que l'arrêté municipal du 21 août 1808 mettait ces réparations à la charge des voisins. Un rapport du maire, du 14 septembre 1816, inscrit au registre des délibérations municipales, signale un autre inconvénient : « Les abondances de pluies qui viennent, d'un côté, du haut de la place, et, de l'autre, de très loin, du chemin de la *Croix* de la Mission (La Moutte), font un cloaque proche le puits public qui répand un air malsain et corrompt même l'eau du puits, qui est très peu profond. »

Cette situation se prolongea longtemps encore.

Cependant, en 1849, le Conseil municipal, « considérant que le puits de la halle, placé comme il l'est au centre de la circulation la plus active de Lurcy-Lévy, est une cause permanente d'accidents graves, décide qu'il sera remplacé par une pompe aspirante construite près du mur de la maison du sieur Laloire (1), à l'entrée de la rue du Palais (2). »

Le puits de la halle tire son nom des anciennes halles de Lurcy, qui occupaient, comme j'ai déjà eu l'occasion de le dire, l'emplacement de la maison Gillet. Ces halles, dont le Conseil municipal et le propriétaire de Lévy revendiquaient chacun la possession, restèrent à ce dernier, qui les vendit à son profit le 18 thermidor an x (6 août 1802) au sieur Dupoux Charles, moyennant 1000 livres tournois (3). Le nouveau propriétaire prit possession de l'immeuble le 7 fructidor an x (25 août 1802).

RUE DES SOUPIRS

La rue des Soupirs est restée longtemps hors de l'agglomération de Lurcy. C'était alors un assez mauvais

(1) Aujourd'hui cette maison, propriété de M. Arnoux-Desbruères, est habitée par son beau-frère, M. Auguste Desbruères, chapelier.

(2) Délibération du 11 juillet 1849.

(3) Répertoire des minutes de l'étude de Me Mage, notaire.

sentier. Depuis une trentaine d'années, il a été élargi et la voirie urbaine ne néglige pas son entretien.

La rue des Soupirs ne donne accès qu'à une seule maison et à quelques entrées de champs et de jardins.

Il me paraît inutile de m'arrêter sur l'origine de son nom, qui n'a pas reçu la sanction de l'autorité, mais que justifient, tous les jours, les nombreux rendez-vous nocturnes qui s'y donnent.

RUE TRAVERSIÈRE

Rue Traversière est la corruption de rue de traverse qu'on trouve dans une quantité de villes. En 1887, le Conseil municipal donna ce nom à une petite rue neuve établie sur une parcelle réservée, à cet effet, lors de l'aliénation de l'ancien foirail des moutons. Cette rue, ainsi que la rue de la Halle, joint le boulevard Gambetta à la rue de Lévy.

RUE DES VIGNES

C'est l'ancien nom populaire, ratifié en 1887 par le corps municipal, en souvenir du temps où Lurcy, bien que situé au milieu des bois, avait une partie de son territoire couvert de vignes. Ces vignes ne produisaient que du vin blanc, et disparurent peu à peu pour faire place à la culture des céréales.

Le terrier de Lévy possède un acte original sur parchemin, du 15 mars 1530 (vieux style 1531), portant donation par François de Lévis, évêque de Tulle et abbé d'Obarine, diocèse de Limoges, à ses neveux, Charles et Gilbert de Lévis, d'une vigne et grange à Lurcy ; un autre acte, du 28 septembre 1587, mentionne la vente, à Charles de Lévis, seigneur de Poligny, et moyennant 300 livres, de la vigne Joubier, à Lurcy, contenant 16 œuvres ; et un troisième acte, de 1662, pour échange de vignes à Bourdoiseau (rue Vinatier). Enfin, j'ai relevé sur les registres paroissiaux, dans une période de 52 ans (1679 à 1731), un certain nombre de vignerons, de tonneliers et de cercleurs.

A une époque plus rapprochée de nous, il y avait encore des vignes, et j'ai connu des vieillards qui se souvenaient de les avoir vu vendanger. Mme Dubost-Kraousse, propriétaire d'un vaste enclos voisin de la rue des Vignes, a bien voulu me communiquer des titres de propriété des années 1787 et 1829, dans lesquels il est parlé *des vignes du prieuré*, de la *vigne du prieuré de Lurcy, des Grandes-Vignes, et des vignes du Champ-Long*. Ces dernières figurent à la section C du plan cadastral sous le numéro 219, et les Grandes-Vignes, sous le numéro 234.

Je rappellerai, puisque l'occasion se présente, que « le bout du Champ-Long, qui était autrefois un terrain communal, avait été désigné pour y faire construire une prison. » (Reg. des délib., séance du 1er août 1833).

A cette époque, la gendarmerie occupait l'ancien palais et avait à sa disposition les solides prisons de l'ancienne justice seigneuriale. Dans ces conditions, le projet de construire une prison à l'extrémité du Champ-Long était, il faut en convenir, une bien singulière idée. La lecture des registres de l'état-civil du dernier siècle m'a permis de relever le nom d'un gardien des anciennes prisons, Léonard Lafond, qualifié, en 1726, de « *iollier des prisons de ce lieu* », et, en 1733, « de « concierge des prisons de Lévy. »

Depuis vingt ans environ, les vignobles de Lurcy ont été reconstitués. Ils produisent des vins rouges et blancs de bonne qualité.

RUE DU DOCTEUR VINATIER

Je rappellerai, non sans une pointe de fierté, je le confesse, que cette rue doit à l'initiative de mon père le nom qui l'honore. Ce nom est un hommage rendu à la mémoire d'un enfant de Lurcy, du docteur Balthazar-Alexandre Vinatier, député de l'Allier, né le 10 janvier 1832, mort le 6 juin 1882.

*Extrait de l'*INDÉPENDANT DE L'ALLIER *du 24 août 1887 :*

« Nous recevons communication d'une délibération prise par le Conseil municipal de Lurcy, en vertu de

Dr VINATIER.

laquelle deux rues de cette ville porteront, à l'avenir, les noms de deux de ses enfants dont elle veut honorer le souvenir, et un exposé sommaire de la fête des écoles à l'occasion de l'inauguration des plaques commémoratives offertes à la mémoire du docteur Vinatier, ancien député de l'Allier.

« Nous nous faisons un véritable plaisir de reproduire ici, en entier, les documents qui font l'objet de cette communication.

« Voici l'extrait du registre des délibérations du Conseil municipal (session ordinaire du 9 août 1887) :

« M. Petitjean, maire, donne lecture au Conseil du rapport suivant :

« MESSIEURS,

» Je viens vous rappeler qu'au banquet fraternel du « 14 juillet dernier, dans une chaleureuse et patriotique « allocution, un honorable citoyen de cette ville, « M. Fourneris, après avoir rapidement tracé la vie du « capitaine Gabriel Lafond, de Lurcy, et celle du doc« teur Vinatier, nos compatriotes, déclara qu'il comptait « sur le concours de l'assemblée toute entière pour de« mander au Conseil municipal de vouloir bien honorer « de leurs noms les rues dans lesquelles l'un a reçu le « jour, et l'autre s'est éteint.

« De chaleureux et unanimes applaudissements ac« cueillirent ces paroles. C'était une adhésion. Je pris « alors publiquement l'engagement de soumettre cette « proposition à votre approbation lors de notre pro« chaine réunion. L'heure de l'échéance étant arrivée, il « est de mon devoir de faire honneur à ma parole.

« Je viens donc, Messieurs, vous prier de sanctionner « par un vote le vœu que le citoyen Fourneris a formulé « et dont voici un extrait :

« La plupart des villes du département ont des rues, « places et boulevards dont les noms perpétuent, dans « les générations, le souvenir de leurs enfants célèbres. « Moulins et Montluçon, pour ne citer que les deux « principales, ont : l'une, les rues Berwick, de Villars,

« Delorme, Claude Duret, Pierre Petit, Renaudin, Gas-
« pard Roux, Laussedat, l'avenue d'Orvilliers, le boule-
« vard Choisy ; l'autre, les rues Barjaud, du capitaine
« Second et le boulevard de Courtais.

« Lurcy, qui, depuis près d'un siècle, jouit de ses « immunités communales, a toujours marché dans la « voie libérale et progressive, Lurcy peut-il rester en « arrière ? Non ! Il lui faut le nom du capitaine Lafond « pour remplacer celui de la rue de Paris sous lequel on « connaît la rue qui fut son berceau, et le nom du doc- « teur Vinatier donné, soit à la rue de Lévy, qui entendit « ses premiers vagissements, soit, de préférence, à « celle de Bourbon, où s'exhala son dernier soupir. « N'est-ce pas dans cette dernière rue que nous l'avons « tous connu et où demeurent toujours sa veuve vénérée « et la plus jeune de ses filles ? Cette honorable famille « sera sensible à cette délicate attention dans un acte de « justice qui viendra grossir le patrimoine d'estime, de « considération et de reconnaissance publiques que lui « a légué son chef regretté.

« Le Conseil,

« Vu l'exposé qui précède, émet le vœu que, pour « honorer la mémoire de MM. le capitaine Gabriel « Lafond et docteur Vinatier, il soit donné le nom de rue « du capitaine Lafond à la rue connue sous le nom de « rue de Paris, et celui de rue du docteur Vinatier à « celle désignée sous le nom de rue de Bourbon. »

« Quatre jours après cette délibération, avait lieu, sous la présidence de M. Petitjean, conseiller général et maire de Lurcy, au milieu d'une nombreuse assistance et avant la distribution des prix aux enfants des écoles communales, la cérémonie de l'inauguration des plaques commémoratives offertes par ces enfants à la mémoire du docteur Vinatier. Ces plaques, encastrées dans la partie la plus en vue du mur de façade de chaque école, sont de forme ovale. Elles sortent de la manufacture de porcelaine de M. Rollin qui, voulant s'associer à la manifestation de la jeunesse des écoles, en a fait don.

Elles portent, en lettres d'or, cette inscription :

A LA MÉMOIRE DU DOCTEUR VINATIER
MAIRE DE LURCY ET DÉPUTÉ DE L'ALLIER
PROPAGATEUR DE L'INSTRUCTION LAIQUE
LES ENFANTS DES ÉCOLES DE LA COMMUNE DE LURCY
14 JUILLET 1887

« La fanfare de Lurcy, qui prêtait à cette cérémonie le concours de son talent, ouvrit la fête en jouant la *Marseillaise*, et M. le Maire, l'ami et le collaborateur de Vinatier, fit, d'une voix émue, l'historique de ces plaques commémoratives, dont l'initiative appartient à M. Deschamps, ancien directeur de l'école communale de garçons. Il expliqua le motif qui avait fait renvoyer au jour de la distribution des prix cette fête, d'abord fixée au 14 juillet, et remercia, au nom de la famille du regretté docteur, les enfants qui l'avaient organisée et toutes les personnes qui avaient contribué à sa solennité. M. le Maire ajouta qu'il était heureux de présider cette cérémonie qui lui permettait de rendre un public hommage au souvenir d'un ami de tous les temps, et de donner en exemple, à la jeunesse, la vie d'un compatriote qui s'est toujours dévoué à la chose publique.

« M. Fourneris, suppléant du juge de paix, prit ensuite la parole, et, s'adressant aux enfants, fit l'éloge du docteur Vinatier, rappelant sa carrière toute de dévouement et de sacrifices, tant comme médecin que comme homme politique.

« Maintenant, mes amis, — dit-il en terminant, — quelques mots sur cet homme de cœur et de mérite, comme administrateur de la commune. Adjoint d'abord sous la première administration de l'honorable maire actuel, qui fut son plus zélé collaborateur et qui continue avec tant de sollicitude et de dévouement son œuvre patriotique et humanitaire, il prit la part la plus active aux travaux du Conseil municipal, à toutes les œuvres de bienfaisance et d'utilité publique. Ennemi déclaré de l'ignorance, qu'il regardait avec raison comme une plaie sociale, il voulut l'instruction pour tous ; aussi provoqua-t-il la création des écoles de hameaux et contribua-t-il puissamment à leur prompt établissement. Devenu maire, il fut le promoteur de la réforme dans le personnel enseignant de la commune, et c'est à ce dernier titre, mes jeunes amis, que vous rendez aujourd'hui hommage à sa mémoire. Mais cet hommage, croyez-le bien, ne vous acquitte pas entièrement, parce que, pour les cœurs bien nés, pour tous ceux que le souvenir des bienfaits reçus n'humilie point, la reconnaissance, loin d'être un fardeau, n'est que le doux exercice d'un devoir pieux. Elle n'a point de limite et se produit sous toutes les formes et dans toutes les circonstances.

« Vous ne vous en tiendrez donc point, mes amis, à cette touchante manifestation, et vous ferez acte de reconnaissance envers la mémoire de Vinatier en profitant de l'instruction que, dans les écoles régénérées par lui, vous donnent des maîtres intelligents et instruits, afin de pouvoir plus tard, comme il le désirait, marquer honorablement votre place partout où vous passerez, être partout des citoyens utiles, en suivant son exemple, et enfin en reportant sur sa digne compagne et sur ses enfants le respect et la considération que tout le pays avait pour lui.

« Pour moi, mes amis, qui ai eu la faveur de posséder son estime et de vivre dans son intimité, c'est avec le sentiment du plus respectueux souvenir que je salue, avec vous, cette simple mais éloquente inscription, témoignage touchant de votre gratitude pour celui qui consacra sa vie au service de son pays et se montra toujours le protecteur de l'instruction populaire, le conseiller de la jeunesse, l'ami du pauvre, le soutien du faible et de l'opprimé. »

J'ajouterai aux lignes qui précèdent que, le 28 octobre 1888, environ deux mille personnes assistaient, dans un pieux recueillement, à l'inauguration d'un monument élevé, par souscription, sur la tombe du docteur Vinatier.

MAIRIE

Sous l'ancien régime, en Bourbonnais, il n'y avait que les villes principales, celles qui se faisaient de bons revenus, qui pouvaient s'offrir le luxe d'une Municipalité, parcequ'alors les fonctions de Maire étaient des charges dont il fallait grassement rétribuer les titulaires. Ce ne fut qu'au mois de juillet 1788, moins d'un an avant l'ouverture des États-Généraux, qu'un règlement royal institua des Assemblées municipales dans toutes les autres paroisses de la province.

« La Révolution, — dit Grégoire, — trouva Lurcy avec une administration municipale composée, conformément aux dispositions de ce règlement, d'un syndic, de six membres élus et de deux membres de droit, le seigneur et le curé [1]. » Si cette administration eut une existence réelle, je dois avouer que mes recherches dans les archives communales, pour découvrir quelques traces de son passage aux affaires, sont restées infructueuses.

Les Assemblées municipales n'eurent d'ailleurs qu'une courte durée. Elles furent supprimées au mois de décembre 1789 par décret de la Constituante, qui les remplaça par un corps municipal et un corps de notables. La réunion de ces deux corps d'élus formait le Conseil général de la commune.

Le Conseil général de Lurcy comprenait : un maire, un procureur de la commune, cinq officiers municipaux et douze notables.

La Constitution de l'an III amena une modification dans l'organisation municipale, en centralisant au canton l'administration des communes qui le composaient. Cet ordre de choses subsista jusqu'à la promulgation de la loi du 28 pluviôse an VIII (17 février 1800), qui institua définitivement, dans chaque commune, un conseil municipal composé d'un maire, d'un ou de plusieurs adjoints et d'un nombre de conseillers déterminé par le chiffre de la population.

(1) L'*Ancien canton de Lurcy*, page 12.

Aujourd'hui, la commune de Lurcy, qui compte 3.551 habitants, est administrée par un conseil municipal de 23 membres, ayant à sa tête un maire et deux adjoints pris dans son sein.

Voici, dans l'ordre chronologique, la liste des maires de la commune de Lurcy :

1 GILLET Denis (1), maire. 1790

2 BOUCHICOT Claude, maire. 1792

3 LAFOND Pierre, maire, président de l'administration municipale. 1794

4 HUARD DE L'ENCLOS Alexandre-Nicolas-René, président de l'administration municipale. 1796

5 FERREYROL Pierre, président de l'administration municipale. 1797

6 DUPOUX Charles, président de l'administration municipale. 1797

7 LAFOND Pierre, président de l'administration municipale. 1798

8 ARLAUD Alexandre, président provisoire de l'Administration municipale. 1799

9 HUARD DE L'ENCLOS Alexandre-Nicolas-René, président provisoire de l'administration municipale. 1799

10 CAQUIN Pierre-Claude, président temporaire de l'administration municipale. 1799

11 FERREYROL Pierre (2), président de l'administration municipale, maire. 1800

(1) Curé de la paroisse depuis 1749. Dans son rapport à la Convention, J. Garnier, commissaire-observateur envoyé en 1793-1794, dans le département de l'Allier dit : « Plusieurs curés ou prêtres desservants ont été nommés « officiers publics et personne ne s'en plaint. » N'est-ce pas le cas de se demander, avec Ozanam, si les populations qui attribuaient ainsi à leurs curés des fonctions municipales, pensaient, comme l'antiquité romaine, en faire des défenseurs de la cité? (Archives communales, tableau des maires).

(2) Les fonctions entièrement honorifiques de premier magistrat de la commune ne paraissent pas avoir flatté outre mesure l'amour-propre des sieurs Caquin et Ferreyrol. Il appert, en effet, des délibérations municipales, que l'un et l'autre donnèrent leur démission pour accepter les fonctions rétribuées, celui-ci de secrétaire de l'administration, celui-là, de..... porteur de contraintes.

12 Dupoux Charles[1], adjoint faisant fonctions de maire. 1808
13 Chenu Pierre, maire. 1815
14 Dupoux Charles, maire. 1815
15 Berthelmy Charles-Louis, adjoint faisant fonctions de maire. 1820
16 Sinéty (marquis de) André-Marie, maire. 1820
17 Gerle Pierre-François, adjoint faisant fonctions de maire. 1823
18 Camus-Govignon François, maire. 1826
19 Resmond Gabriel-François-Urbain, maire. 1830
20 Caillot Pierre, adjt faisant fonctions de maire. 1831
21 Ferreyrol Georges-Pierre, maire. 1831
22 Caillot Pierre, maire. 1833
23 Devillard François, maire. 1833
24 Camus-Govignon François, maire. 1834
25 Rocheton Jean-Marie, président de la Commission provisoire, maire. 1848
26 Ferreyrol Georges-Pierre, adjoint faisant fonctions de maire. 1850
27 Rocheton Jean-Marie, maire. 1850
28 Ferreyrol Georges-Pierre, adjoint faisant fonctions de maire. 1850
29 Bouillet Pierre-Claude, maire. 1850
30 Bonnefoy (baron de) Charles-Joseph-Antoine-Léonce, président de la Commission municipale, maire. 1851
31 Lomet Adolphe-Marc-Antoine, adjoint faisant fonctions de maire. 1853
32 Camus-Govignon François, maire. 1853
33 Fould Edouard-Mathurin, maire. 1862
34 Foucher Etienne-Charles-Désiré, maire. 1865

(1) Nommé également maire de Neure, « vu le manque absolu d'habitants dans cette commune capables de remplir des fonctions administratives ou disposés à les accepter. » (Arrêté préfectoral du 15 décembre 1812.)

35 PETITJEAN Pierre-Alfred, maire. 1870
36 FOULD Edouard-Mathurin, maire. 1874
37 VINATIER Balthazar-Alexandre, maire. 1876
38 PETITJEAN Pierre-Alfred, adjoint faisant fonctions, maire. 1882
39 BERAUD Pierre-Léon, président de la délégation spéciale. 1890
40 MAGE Jacques-Henri, maire. 1890

Quelques mots maintenant sur l'Hôtel-de-Ville :

Cette construction n'est pas un monument, c'est même un édifice des plus modestes, ne présentant aucun caractère architectural. Il fut construit en 1830[1], mais l'Administration municipale ne put en prendre possession et y installer ses bureaux qu'en 1834. Elle s'y maintint jusqu'en 1862, époque où elle l'abandonna pour y placer provisoirement la halle au blé, mesure rendue indispensable par l'insuffisance du porche de l'hôtel du Cygne, aujourd'hui hôtel du Dauphin, place du Marché, sous lequel s'effectuait le marché des grains.

Par suite de cette mesure, la mairie dut reprendre la promenade insensée qu'on lui avait fait faire depuis 1792, c'est-à-dire voyager de maison en maison, jusqu'au jour où la construction d'une halle spacieuse permit de la réintégrer définitivement dans l'immeuble qui lui avait été destiné.

A cette occasion, et pour expliquer ces déménagements successifs, je rappellerai qu'au début les officiers municipaux, qui n'avaient à leur disposition aucun local spécial pour tenir leurs séances, se réunissaient, pour délibérer, une fois chez l'un, une fois chez l'autre, et le plus souvent dans une salle du *Lion d'Or*, vieille hôtellerie du pays dont on peut encore, malgré la couche de badigeon qui la couvre, lire l'enseigne au-dessus d'une

(1) En vertu d'une ordonnance royale, datée de Saint-Cloud le 16 septembre 1829, autorisant la commune à acquérir du sieur Camus-Govignon, moyennant la somme de 2,300 francs, un terrain contenant 4 ares 5 centiares, pour y construire une maison commune.

porte-cochère de la rue du Palais. En thermidor an IV (1799), ils prennent possession de l'ancien presbytère, mis à leur disposition par l'administration centrale, mais qu'ils abandonnent quelques mois plus tard pour y installer l'école communale. Où allèrent-ils? sont-ils retournés à leur salle d'auberge? Je l'ignore, et ce n'est que vingt ans plus tard qu'on trouve la mairie installée dans la maison Duron, — aujourd'hui maison Valanchon, — au bas de la place du Marché. De 1832 à 1834, elle occupe la maison Caquin, également située au bas de la place (1); de 1862 à 1866, la maison Painaud, rue de Lévy (2), et de 1866 à 1871, la maison Phelouzat, rue de Bourbon, devenue depuis la rue Vinatier (3).

La mairie est divisée en plusieurs pièces : une grande salle pour les délibérations du Conseil municipal, la salle du secrétariat et deux pièces affectées au service de la justice de paix.

C'est dans la salle des délibérations qu'est installée la bibliothèque communale fondée en 1876 par Mme Henry Thuret, à la condition que les livres seraient mis à la disposition de tous les habitants de la commune (4). Depuis un an, M. Mage, maire de Lurcy, a annexé à la bibliothèque communale une bibliothèque bourbonnaise, c'est-à-dire exclusivement composée d'ouvrages traitant du Bourbonnais ou écrits par des enfants de la province. La bibliothèque de Lurcy compte, à cette heure, environ 3,000 volumes, parmi lesquels on remarque le grand dictionnaire de Larousse et la *Revue Encyclopédique* qui en est le complément ; la géographie d'Élysée Reclus ; les œuvres complètes de Molière, Balzac, Alexandre Dumas, Victor Hugo, Thiers, Henry Martin, Flammarion, Louis Figuier, Jules Verne, etc., etc. Le

(1) J'ai lieu de croire que c'est là même maison qui avait à cette époque changé de propriétaire.

(2) Cette maison appartient aujourd'hui à M. Tartary Alexandre, qui l habite.

(3) Actuellement bureaux de la poste et du télégraphe.

(4) Madame Thuret consacra à cette fondation un titre de rente de 3.000 francs et donna, comme premier noyau, environ 320 volumes.

chiffre des prêts de livres est en moyenne de 7 à 8 par jour. Le chiffre officiel, pour l'année 1896, a dépassé 2,300.

La Mairie a quelques dépendances : dans l'une est déposée la pompe à incendie avec ses agrès ; dans l'autre fonctionne, pendant la morte-saison, le fourneau économique du bureau de bienfaisance. Au sujet du bureau de bienfaisance, je me permettrai un rapprochement :

En 1790, un comité s'était formé pour venir en aide aux malheureux. A cette époque, le chiffre officiel des indigents était de 41, et celui de la population, de 2,047 habitants, soit 2 0/0. Aujourd'hui, pour une population de 3,551 habitants, la moyenne des indigents, inscrits sur les contrôles du bureau de bienfaisance, est de 50 pour l'année (80 l'hiver et 20 l'été), soit, pour cent, 1,4083 seulement.

JUSTICE DE PAIX

La justice de paix de Lurcy-Lévy date de la création de la justice de paix cantonale, cette magistrature populaire qui remplaça les anciennes justices seigneuriales et qui fut un des premiers et des plus grands bienfaits de la Révolution. Le décret des 16-24 août 1790, en instituant les justices de paix, instituait également dans chaque siège deux assesseurs chargés d'assister le juge dans l'exercice de sa juridiction. Ces assesseurs furent supprimés par la loi du 28 Ventôse an IX (19 mars 1801), qui créa les suppléants, non pour assister, mais pour remplacer le juge en cas d'empêchement.

Les premiers juges et leurs assesseurs étaient désignés, à l'élection, par leurs concitoyens.

Voici le tableau chronologique des juges de paix de Lurcy-Lévy :

1792, Lafond Pierre ; 1793, Ferreyrol ; an II, Dupoux ; an IV, Lafond Pierre ; an V, Berrier ; an VII, Lafond Pierre ; an X, Devoucoux ; an XIII, Toquet ; 1816, Morand ; 1822, Jourdier ; 1831, Guénard ; 1844, Siramy ; 1849, Couvreul ; 1851, Bujon ; 1857, Girard ; 1872, Largé, et, 1877, Lachaze.

ÉGLISE

L'église est romane, bâtie, dit la tradition, sur les assises d'un ancien temple gallo-romain qui aurait été brûlé pendant une des invasions du Berry [1] ; mais ses diverses constructions, d'époques différentes, en ont quelque peu changé le caractère. Elle n'a qu'une nef voûtée à plein cintre et lambrissée, sans architecture. Le chœur est séparé de la nef par des arceaux qui, à leurs côtés, donnent ouverture aux chapelles latérales. Le chœur est voûté et supporte le clocher.

Plusieurs chapiteaux des colonnes du chœur et quelques pierres de l'entablement extérieur représentent des figures grossières, dont la plupart sont des allégories mystiques empruntées aux premiers siècles de l'art chrétien, ou la personnification des vices et des vertus.

On remarque, dans l'église, une tapisserie allemande représentant Jésus guérissant l'aveugle-né. Cette tapisserie a été donnée en 1866 par Mme Henry Thuret. Le cadre a été acheté sur le produit d'une souscription.

En 1796, l'administration centrale du département de l'Allier avait demandé l'aliénation de l'église. Ce projet souleva de vives réclamations : « Le peuple désirait conserver cet édifice qui sert à l'exercice du culte catholique et de lieu de réunion pour entendre la lecture des loix ainsi que pour la nomination d'agents et autres de cette espèce...... et ce serait le priver du plus grand de ses plaisirs [2]. »

Les caveaux de l'église regorgent de cadavres. La lecture des actes mortuaires des XVIIe et XVIIIe siècles m'a permis de relever plus de cent inhumations dans l'église, avec ces indications : dans le sanctuaire, dans le chœur, à côté de la pierre des Morts, sous le confessionnal, devant l'autel de Saint-Pierre, proche le grand bénitier, sous les cloches, devant l'autel de Saint-Roch, devant ou

(1) Allemands, en 252 et 272 ; Wisigoths, en 455 ; Normands, en 860 ; Hongrois, en 935 et 941, et Anglais, en 1200.

(2) Délibération de l'assemblée municipale du canton, en date du 21 Messidor an IV (9 juillet 1796).

dans la chapelle de la Sainte-Vierge, celle de Notre-Dame-de-Pitié et celle dépendant de la seigneurie des Gennetais, etc., etc.

Parmi les personnes de distinction qui reposent dans ces caveaux, je citerai :

Jean de Roche, secrétaire du comte de Charlus et son juge en justice de Pouligny et Lurcy, inhumé dans l'église le 30 janvier 1702 ;

Messire Philippes Jean-Baptiste, curé et religieux de l'ordre de Sainte-Croix, « prieur du *prioure* de Lurcy-le-Sauvage, inhumé dans le *cœur* de l'église de Lurcy-le-Sauvage le quatorzième jour du moy de may de l'année 1716 » ;

Dom Nicolas-Jacques Nogues, prêtre et religieux, préfet de l'abbaye de Savigny, diocèse d'Avranches, province de Bretagne..... décédé le 15 octobre 1729. Assisté à sa mort et à son inhumation, proche la chapelle du Rosaire, de dom François de la Coine, prêtre et religieux, procureur de l'abbaye de Font-Morigny, diocèse de Bourges ;

Messire Pierre de Bosredon, escuyer, veuf de dame Marie Reconvergne, inhumé dans la chapelle du Rosaire le 16 octobre 1736 ;

Messire Bernard Galvin, curé de la paroisse, inhumé le 3 mai 1749, dans le Sanctuaire ;

Demoiselle Françoise Serre, femme de M. Pierre Narjot, fermier au château de Lévy, et son enfant, « né en vie après l'opération césarienne et ondoyé à la maison », inhumée le 15 octobre 1752 proche la chapelle de la Vierge ;

Et messire Charles d'Huisal, seigneur de Beauregard, et Marie-Anne-Scolastique de Bosredon [1], son épouse, âgés l'un de 50 ans, l'autre de 45 ans, « inhumés dans la chapelle de Notre-Dame-de-Pitié, le même jour, suivant l'avis de M. de Laguerenne, médecin, *accause* de contagion (?) ».

(1) S'est mariée le 8 octobre 1787, sous les noms de Marie-Anne-Scolastique de Bosredon de Neureux.

En 1843, pendant la réfection du carrelage et dallage de la nef, on mit à découvert quelques cercueils, entre autres celui d'une des religieuses de l'ancien hôpital. Il paraît que ses habits étaient intacts.

L'église paroissiale de Lurcy est placée sous l'invocation de saint Martin. (1)

CLOCHER

En 1624, il y avait, dans le clocher, plusieurs cloches, dont l'une, « la troisième a esté descendue entière par le trou de la voute qui est au-dessus de la pierre des Trépassez affin de la faire refondre, d'autant plus qu'elle estoit fendue. Et y avait deux cercles. Tout autour, au plus haut, estoit escrit : *Sancta Maria, Ora pro nobis* et l'an *Mil V^C^ xxxv* et *Ithier d'Aubigni*. L'autre cercle plus bas estoit une saincture d'espérance, devise de la très Haute Maison de Bourbon où il y avoit escrit tout autour de la saincture *Ave Maria te Deum laudamus*. Après cette datte M V^C^ xxxv, il y avoit aussi une grand croix et trois images : un *Ecce Ho*, un image de N^re^ Dame et un image de Saint-Jehan. (Signé) BOURDEUGE. » (2)

Quel était alors le nombre des cloches? Je l'ignore, mais il paraît que la combinaison de leurs sons fournissait une harmonie des plus agréables, et que les habitants de Lurcy étaient si fiers de leur carillon, qu'ils raillaient leurs voisins par cette psalmodie qu'on cherchait de rendre imitative :

Le carillon de Lurcy dit
Qu'il battrait bien,
Drelin din din,
Couleuvre, Pouzy,
Neure, Mezangy,
Fublène aussi,
Fublène, Fublène, Fublène, etc.

Au mois de juillet 1796, il n'y avait plus, conforme-

(1) La fête patronale de la paroisse est Saint-Martin, mais la fête patronale de la commune est Saint-Gervais, le 19 juin. Il s'y tient ce jour, pour les domestiques, une des principales loues de la région.

(2) Registres paroissiaux. Acte du 16 septembre 1624.

ment à la loi, (1) « qu'une seule cloche faite pour annoncer au peuple les moments de leurs réunions, comme aussi pour le prévenir des accidents en tous genres qui pourraient arriver ». (2)

Cette cloche, en 1835, fut remplacée par deux nouvelles cloches. Elles furent fondues sur la place du Marché par les sieurs Petitfourt père et fils. L'une, de 800 kilogrammes, eut pour parrain le chevalier de Bonnefoy, propriétaire de la terre de Neureux, et pour marraine Mme Françoise Quinaud, épouse du maire de l'époque; l'autre, de 400 kilogrammes, eut pour parrain Joseph Fayard, fabricien, et pour marraine Mlle Labaume, sœur du curé de la paroisse.

En 1889, ces deux cloches se trouvant fêlées l'une et l'autre, on les remplaça par les trois cloches actuelles, provenant des ateliers Bolée, d'Orléans. La première, du poids de 630 kilos, donne le *fa* dièze, et a eu pour parrain le comte Christian Lafond, et pour marraine Mlle Joséphine-Charlotte-Élisabeth de Pérusse des Cars.

La deuxième pèse 427 kilos et donne le *sol* dièze. Elle a eu pour parrain et marraine M. Joseph-Marc Dubost et Mlle Marie-Alice Dubost, frère et sœur.

La troisième ne pèse que 297 kilos et donne le *la* dièze. Elle a eu pour parrain l'abbé Pierre Desnoix, et pour marraine Mlle Augustine-Françoise-Julie Perrin.

HORLOGE

Je ne saurais dire à quelle époque remonte, dans le clocher, le premier établissement de l'horloge communale.

En 1821, cette horloge devait être en assez mauvais état puisque, dans sa séance du 4 février, l'Administration municipale reconnut la nécessité de la remplacer.

(1) C'est un Bourbonnais, Marc-Antoine Baudot, que le département de Saône-et-Loire avait envoyé siéger à la Convention nationale, qui fit décréter la suppression des cloches, moins une par paroisse.

(2) Délibération municipale du 21 messidor an IV (9 juillet 1795).

Ce projet fut-il exécuté ? Fit-on l'acquisition d'une nouvelle horloge ou se contenta-t-on de faire réparer l'ancienne ?... Toujours est-il qu'en 1848 l'horloge marchait fort mal. On attribua « ses détériorations et ses irrégularités aux influences atmosphériques, et le Conseil décida qu'elle serait nettoyée et renfermée dans une boîte ». (1) On fit mieux, on la déplaça pour l'installer dans un petit clocheton, fort disgracieux, élevé sur le pignon de l'église au-dessus de la principale porte d'entrée. Toutes ces précautions n'empêchèrent pas la vieille patraque de battre la breloque comme avant, ce qui décida, en 1864, l'autorité locale d'acheter l'horloge actuelle qui fut, comme l'avait été, dans le principe, son aînée, placée dans le clocher. (2)

PRIEURÉ, CURE ET PRESBYTÈRE

Le prieuré de Lurcy, dont il ne reste que le souvenir, était un des plus importants de la province. L'abbaye de Plein-Pied, au diocèse de Bourges, en avait la collation.

Le plus ancien bénéficiaire du prieuré de Lurcy, et dont le nom nous a été conservé par Nicolay au temps où il écrivait sa *Générale description du Bourbonnais*, est Pierre Jouneau, curé-prieur, non-résidant. A cette époque le prieuré-cure valait 300 livres. (3)

Les archives du château de Lévy contiennent (carton 25), un acte de vente de partie du prieuré-cure, en 1576, à Gilbert de Villars, seigneur de Blancs-Fossés, et différents actes de nomination, résignation et prise de possession de ce bénéfice.

(1) Délibération municipale du 9 novembre 1848.

(2) Prix de l'horloge, 1,240 francs, y compris le voyage et le salaire de l'horloger (Délibération du 8 mai 1864).

(3) En 1789, la cure de Lurcy valait à son titulaire, indépendamment de son logement et de son casuel, et de la jouissance du pré Chezeaud (Sezeau), d'une vigne de six œuvres, des terres de la Garenne, de la Croix de la Mission et de l'étang des Bruyères de Forêt, 1,116 livres représentées par une dîme de 700 livres, 386 livres de fermages, 8 livres de rente et 22 livres de fondation.

En 1622, c'est le curé-prieur Michel Bourdeuge, aumônier et prédicateur ordinaire du prince Henry de Bourbon, qui a l'administration de la paroisse ; mais il n'habite le prieuré qu'à de rares intervalles, et c'est son vicaire, Pierre de la Farge, qui est chargé du service.

Jusqu'en 1715, les curés de Lurcy sont en même temps prieurs ; mais, à dater de cette époque, ils se qualifient seulement du titre de curés ou desservants. L'un d'eux s'intitule recteur-curé.

En 1716, le titulaire du prieuré, Mre Philippes Jean-Baptiste, semble résider à Lurcy, dont il n'est pas le curé. Toujours est-il qu'il y mourut au mois de mars de cette dite année. Habitait-il le prieuré en même temps que le curé de la paroisse, car à partir de 1715 le prieuré sert de presbytère. C'est du moins ce qui semble résulter de l'acte d'inhumation du curé Galvin, décédé le 2 mai 1749, après avoir administré la paroisse pendant 35 ans, « dans le prieuré où il était logé. »

Pendant la Révolution, le prieuré servit de maison commune et de maison d'école ; mais, en raison de son état de délabrement, on dut l'abandonner. Cependant, au rétablissement du culte, on y réinstalla le nouveau pasteur de Lurcy, qui l'abandonna à son tour en 1808, parce qu'il tombait en ruine. L'Administration alloua 200 fr. par an au curé, qu'elle laissa « libre de se loger à sa guise ». (1)

A cette époque, ce qui restait des bâtiments de l'ancien prieuré devait occuper, non pas, comme le veut l'opinion commune, une partie de l'enclos de la maison de Mme veuve Dubost, boulevard Gambetta, et qui porte encore le nom de *prieuré*, mais bien un emplacement plus voisin de la cure actuelle. J'en trouve la preuve dans le sommier des biens nationaux conservés aux archives du bureau de l'enregistrement de Lurcy. Il y est dit que « l'ancien presbytère de Lurcy, établi dans le

(1) Voir délibérations municipales des 1er août 1806, 13 mai et 9 juillet 1808 et 7 juillet 1816.

prieuré, est composé de bâtiments et chambres hautes et basses, écuries, *cour entre les bâtiments et l'église et petit jardin* ».

Le nouveau presbytère date de 1827.

Pour construire les hangars et autres communs de la cure, on dut démolir une vieille tour qu'on croit avoir été, dans le principe, une vigie pour les observations. On trouve encore, de temps à autres, dans le jardin du presbytère, les restes du mur d'enceinte de l'église.

Voici la chronologie des curés de Lurcy :

1561, Jouneau Pierre ; 1622, Bourdeuge Michel ; 1634, Foucault Martin ; 1651, Verneghol Pierre (1) ; 1661, Ferraud Antoine ; 1689, de Gaffarel Alexandre ; 1715, Galvin Bernard ; 1749, Forgeron ; 1750, Gillet Denis ; 1804, Caillot Pierre (2) ; 1821, Labaume Antoine ; 1836, Fournioux François ; 1853, Bodard ; 1855, Roulleau ; 1862, Crouzier Pierre ; 1865, Delhomel Auguste ; et, 1894, Bonneville A.

HOPITAL CANTONAL PAPO

Nous avons déjà vu qu'à la Révolution, Lurcy possédait un hôpital. Il était situé rue de Lévy et fut fermé à cette époque.

Depuis, et notamment en 1807 (3), le Conseil municipal avait demandé le rétablissement de cet utile établissement, mais aucune suite ne fut donnée à ce vœu.

Enfin, en 1862, une femme de cœur, Madame Henri Thuret, en souvenir de son fils Pierre Thuret, enlevé

(1) Pierre Verneghol, sur les registres paroissiaux de Pouzy, figure comme curé de Pouzy, de 1650 à 1668. On se demande alors comment il peut se faire que, pendant cette période, il ait signé les actes des registres de Lurcy, d'abord comme vicaire, ensuite comme curé de cette paroisse.

(2) Au rétablissement du culte, Caillot Pierre, ancien curé de Neure, proposé pour la cure de Lurcy, fut agréé par le premier Consul, le 19 brumaire an XI (10 novembre 1803) et prit possession de sa cure le 1er messidor an XI (20 juin 1804).

(3) Délibérations des 26 septembre et 20 novembre.

jeune encore, — il n'avait pas cinq ans [1], — à l'affection de sa famille, dota le canton de l'hôpital actuel, qui prit le nom de cet enfant regretté [2].

Madame Thuret fut aidée dans son œuvre humanitaire par les familles de La Boutresse, de Candras, Fould, d'Aubigny, Gémois, de la Roche, Jourdier, par le Conseil général [3] et aussi par les habitants de Lurcy, dont aucun — chacun dans la mesure de ses moyens, — n'a refusé son obole.

L'hôpital, autorisé par décret du 18 juin 1864, a été ouvert aux malades cette même année. Il est desservi par les sœurs de Saint-Joseph, de Clermont, sous les ordres d'une supérieure et compte vingt-deux lits. Un service de bains et de douches est installé dans les sous-sols.

Depuis la fondation de l'hôpital, quelques noms, ceux de MM. Fournioux, ancien curé de la paroisse, Aimé Dionnet, ancien premier adjoint au maire de Lurcy, et Gabriel Chabrat, pensionnaire de l'établissement, sont venus grossir la liste de ses premiers bienfaiteurs.

Chronologie des Supérieures :

1864. — Madame Marie Plazenet, en religion sœur Procule ;

1874. — Madame Claudine-Adélaïde Mignal, en religion sœur Saint-Jean.

GENDARMERIE

La brigade de gendarmerie de Lurcy, ayant à sa tête dans le principe un brigadier, mais depuis 1890 un maréchal-des-logis, fut établie en 1817, d'abord dans l'ancien palais de justice et en 1889 à l'entrée du boulevard Gambetta, en face le champ des foires.

(1) Né le 27 mars 1856, décédé le 30 juillet 1861.

(2) C'est à tort qu'en 1850, Alary a écrit que Lurcy possédait un hospice desservi par quatre religieuses qui font l'école aux jeunes filles (*Petite Géographie de l'Allier*, p. 141). Ces religieuses, établies à Lurcy depuis 1841, ne s'occupaient que de l'enseignement des jeunes filles.

(3) Procès-verbal des séances du Conseil général de l'Allier, session de 1864, pages 79 et 134.

La caserne de gendarmerie de Lurcy est actuellement, dit-on, une des plus belles du département de l'Allier.

Chronologie des Chefs de brigade :

De 1817 à 1827, aucun renseignement. 1827, Bellhomme; 1831, Vaudevoir; 1833, Peticuénot; 1859, Giraud; 1863, Giraudet; 1866, Lebreton; 1873, Alban; 1879, Moulin; 1880, Dubois; 1888, Glos; 1890, Proust; 1894, Marie.

POSTES ET TÉLÉGRAPHE

Avant le 8 brumaire an VIII (29 octobre 1798), Lurcy avait un bureau de poste aux lettres (1). Son titulaire s'appelait Ferreyrol (2). « Ce bureau a été converti, à cette époque, en bureau de distribution parce que le produit annuel était au-dessous de cinq cents francs » (3).

C'est le bureau des postes de Saint-Pierre-le-Moûtier qui desservait le bureau de distribution de Lurcy (4).

Si l'on veut bien se reporter à ce temps, alors que la route d'Urçay n'était même pas projetée et qu'au Veurdre il fallait passer l'Allier en barque, on comprendra combien était difficile et irrégulier le service qui ne pouvait s'effectuer que deux ou trois jours par semaine; encore fallait-il que les crues de l'Allier n'y missent aucune opposition.

Il faut bien croire pourtant que la population de Lurcy s'accommoda longtemps de cet état de choses, puisque le Conseil municipal appelé, en 1824, à se prononcer sur le projet de rétablissement du bureau des postes, décida, par délibération du 18 avril, que Lurcy continuerait à être desservi par le bureau de Saint-Pierre-le-Moûtier.

(1) A la page 536 de l'*Almanach de la République* pour l'an VII, ce bureau figure sous le nº 750. Le départ des courriers avait lieu tous les jours pairs.

(2) Les titulaires des bureaux de poste avaient le titre de directeurs et directrices, qu'ils conservèrent jusqu'en 1864; à cette date, ils l'échangèrent contre celui de receveurs et receveuses.

(3) Registre des délibérations municipales, 7 février 1835.

(4) Les postes à cette époque étaient en régie. Ce ne fut qu'en 1816 que l'État en prit le monopole.

Il arriva cependant que les Conseillers municipaux de 1835 ne partagèrent pas cette façon de voir. Dans leur séance du 7 février, ils exprimèrent nettement le vœu du rétablissement de l'ancien bureau. Ils renouvelèrent ce vœu le 9 février 1838, et le firent dans des termes si chaleureux, s'appuyant sur l'importance du canton et le développement du commerce et de l'industrie, que l'administration supérieure fit droit à leur réclamation et que, cette même année, le bureau des postes de Lurcy fut recréé.

Le bureau du télégraphe, relié à Bourbon, a été ouvert le 1er avril 1869. Etabli dans le principe à la mairie, il fut annexé au bureau de la poste en 1886 (1).

Chronologie des Directeurs et Receveurs :

1797-1798, Ferreyrol ; 1838, Lesfilles ; 1841, Didelle ; 1848, Madame Cartiller ; 1850, de la Ronade ; 1860, Mademoiselle Casy ; 1886, Madame Brun ; 1894, Madame Chaix.

ENREGISTREMENT

L'administration de l'Enregistrement a remplacé les anciens droits de contrôle, une des fermes générales exploitée par des financiers qui avaient à leur solde des commis (2).

En 1780, un arrêt supprima la ferme et ordonna que la perception des droits de contrôle, réunie à la recette du Domaine, serait confiée à une compagnie intéressée qui prendrait le titre d'Administration générale du domaine et droits domaniaux.

(1) La part contributive de la commune de Lurcy pour l'établissement de la ligne télégraphique qui relie Lurcy à Bourbon, a été de 2,640 francs. (22 kilomètres de ligne neuve, sur route, à 120 francs par kilomètre).

(2) L'un de ces commis, chargé du bureau de Lurcy et dont je tairai le nom pour ne pas attirer sur sa mémoire les malédictions du beau sexe, devait être, sinon un misogyne, pour le moins un mal-appris. Sous la forme proverbiale, il eut l'outrecuidance d'écrire cette note irrévérencieuse sur la couverture d'un registre du contrôle des actes des notaires portant la date du 5 janvier 1703 au 18 août 1704 : « Lurcy-le-Sauvage, plus de p... que de vaches. »

La loi de 1790 transforma la compagnie privée en administration publique et les commis de contrôle en receveurs. L'année suivante, la Constituante rattacha l'administration directement à l'Etat, sous le nom de Régie des droits d'enregistrement et autres y réunis.

J'ai sous les yeux un fragment, en très mauvais état, d'un document de 1775 qui donne le nom des paroisses et fiefs qui composaient l'arrondissement du bureau du contrôle de Lurcy. Je le reproduis à titre de curiosité.

« PAROISSES :

« *Lurcy.* — Est un gros bourg appartenant à Madame la marquize de Sinéty et à ses enfans, en qualitée de dame de Lévy.

« *Coulleuvre.* — Est un autre bourg à la dite dame à cause de la terre de Champroux réunie à Lévy.

« *Neure.* — Autre petit bourg à la dite dame à cause de la seigneurie de Montvrain aussi réunie à Lévy.

« *Théneuille.* — Est un bourg dans la justice du prince de Condé à cause de la seigneurie de Bourbon.

« *Le Veurdre.* — Est une petite ville dont Madame Debouarenaud (*sic*) de Sagonne a la justice pour la majeure partie et le surplus est à la châtellenie de Bourbon, au prince.

« *Château.* — Petit bourg près le Veurdre, dont la justice appartient en partie au prince à cause de la châtellenie de Bourbon, l'autre à la dite dame Debouarnaud et l'autre à Monsieur le baron de Veauce à cause de sa terre de Saint-Augustin.

« *Mornay.* — Est un autre bourg dont la justice appartient partie au prince de Condé et l'autre à la dite dame Debouarnaud.

« *Livry.* — Un autre bourg appartenant aux mineurs M..., de Franas et. . . . . . . à Monsr. . . . .

. . . .

. . . .

« Fiefs :

« *Paroisse de Lurcy.*

« Le château et maison forte de Lévy qui fut Pouligny, le château et fief de Biguin à Madame de Sinéty.

« Le château et fief de Neureux à M. Rosseau par acquizition.

« Le château et fief des Genetais à Madame de Saint-Georges.

« *A Couleuvre :*

« Le fiet de Champroux, celuy de Solgarin (*sic*), celuy de Blancfossé, celuy de Froideure (*sic*), le tout à Madame de Sinéty, réuni à Lévy.

« Le fief de Bergerot ou de la Chambre-Dorée, aux mineurs Narjot... Paiée le franc fief sur le pied de....

« Le fief ou dixme de Rolaie. . . . .

. . . . »

Le bureau de l'Enregistrement de Lurcy a été créé en 1791. Pendant l'existence des districts, il servit aux deux cantons de Lurcy et du Veurdre. En 1799, il fut transféré au Veurdre, mais il revint à Lurcy en 1808.

Chronologie des Receveurs :

1791, Lafond (2); — 1793, Boyer; — 1799, Allix; — 1799, Delaporte; — 1808, Rabusson-Devaure; — 1809, Rouyer; — 1816, Faget; — 1822, De Cartault; — 1824, Laurcy; — 1825, Oriol; — 1830, Delarue; — 1832, Oriol; — 1838, Malafosse; — 1839, Bailly; — 1840, Foughadoire; — 1843, Roquet; — 1845, Lambert; — 1848, Deladoue; — 1849, Aubouër; — 1851, Gounot; — 1854, Boissel; — 1860, Delan; — 1868, Gineste-Lachaze; — 1872, Collan-

(1) La loi du 9 messidor an III avait établi une conservation particulière des hypothèques dans tous les districts : Lurcy, nécessairement, dépendait de la conservation de Cérilly, qui avait pour titulaire le citoyen Mesténier. *Almanach de la République Française* pour l'an VII, page 196).

(2) Ancien contrôleur de la ferme.

gettes ; — 1875, Dompierre ; — 1880, Pradel de Lamaze ; — 1882, Vaillant ; — 1885, Vigier ; — 1894, Maistre ; — 1895, Pouvesle.

SAPEURS-POMPIERS

Il y avait longtemps que la population de Lurcy réclamait l'urgence de l'achat d'une pompe à incendie, mais elle s'était toujours heurté contre le mauvais vouloir ou l'économie mal comprise de ses édiles. A la communication, par le maire, d'une lettre du préfet, en date du 22 frimaire an XIII (13 décembre 1804), invitant la commune de Lurcy à se pourvoir d'une pompe pour éviter les accidents, le Conseil municipal répondit naïvement qu'une pompe à incendie n'était pas nécessaire dans cette commune, vu que les eaux y étaient abondantes et que les incendies y arrivaient rarement » (1).

La question fut reprise en 1853 et, grâce, cette fois, au bon sens des Conseillers municipaux de cette époque, et avec l'aide des subventions accordées par le préfet sur l'allocation mise à sa disposition, la commune de Lurcy put, non seulement faire l'acquisition d'une pompe, mais encore organiser et équiper une subdivision de compagnie de sapeurs-pompiers.

Chronologie des Sous-Lieutenants commandant la Compagnie :

1853, Vincent Camus-Govignon ; 1864, Hippolyte Fayard ; 1873, Pierre Civrais, et 1881, Eugène Desbruères.

Depuis son refus d'être placé sous la dépendance du Ministère de la guerre, le corps des pompiers de Lurcy est devenu essentiellement municipal et n'a conservé que son caractère d'utilité. Il n'est plus convoqué comme il l'était avant et comme l'avait été jadis l'ancienne garde nationale, pour parader, sous les armes, dans les fêtes publiques.

(1) Délibération du 29 pluviôse an XIII (18 février 1805). Le Conseil pensait peut-être que l'arrêté de police de 1790, qui défendait de porter du feu de maison en maison autrement que dans des vases clos, suffisait pour prévenir les accidents.

Et puisque l'occasion se présente de parler de la garde nationale, je vais, en quelques lignes résumer son existence.

Elle datait de 1790, du moins les délibérations municipales en parlent, pour la première fois, dans le procès-verbal de la fête de la Fédération, le 14 juillet de cette année : « Les officiers municipaux, le procureur de la commune, la *garde nationale* ont prêté et fait prêter à leurs soldats le serment d'être fidèles à la nation, à la loi, au roi et de soutenir de tout leur pouvoir la Constitution ».

On perd de vue la garde nationale de l'an VII, au mois de janvier 1812, où elle se réorganise de nouveau. Cette dite année, elle prête serment de fidélité à l'Empire, en recevant en présent, des mains du marquis de Sinéty, le drapeau tricolore. En 1814, le 7 octobre, le marquis lui remet solennellement un nouveau présent, en lui faisant jurer obéissance et fidélité au roi ; c'est encore un étendard, mais le drapeau blanc, cette fois..... Dans le procès-verbal de la remise de cette « *pièce* par lui apportée de Paris », procès-verbal rédigé par ses soins mais qu'il ne signa point, il est traité de « *bienfaiteur ordinaire de cette commune* » et parmi les signataires se trouvent ceux qui, sept ans avant, l'avait accusé « d'affamer le meunier de Sezeau, de ruiner la commune, etc., etc. ».

Ce drapeau blanc, forme bannière, est conservé à la mairie. Il est couvert de fleur de lis et entouré de franges d'or. Une couronne royale surmonte une ovale dans laquelle une *L* italique se croise avec une branche de laurier. Il porte en tête : « *Lurcy-Lévy* » et sous l'écu : « *Donné par M. le marquis de Sinéty, l'an 1814, premier de la rentrée de Louis XVIII* ».

La garde nationale parada pour la dernière fois pour les fêtes de 1848. Elle avait alors pour commandant Claude Vinatier, père du regretté docteur dont le pays conserve pieusement la mémoire. Un mot en passant sur ce modeste citoyen. Ancien maréchal-des-logis des cuirassiers de l'Empire, chevalier de la Légion d'honneur, il fut un héros sur les champs de bataille et le livre d'or de l'armée française lui a consacré une gravure où il est représenté attelé à une batterie, et au-dessous cette légende :

« *Passage du pont et prise de la ville de Castillon de la Plana. Un cuirassier, Claude Vinatier, se fait remarquer dans cette victoire. Ayant mis pied à terre, seul, il dégage le poste sous une grêle de balles et ouvrit le passage* » (1).

SOCIÉTÉ MUSICALE

A l'occasion du concours agricole qui s'ouvrit à Lurcy le 1er septembre 1867, la Commission des fêtes, pour en rehausser l'éclat, avait demandé la coopération de la *Lyre Bourbonnaise*. Avec la meilleure grâce, nos excellents voisins répondirent à cet appel, et chacun put admirer leur bonne tenue et leur talent d'exécution.

La fête terminée, quelques amateurs du pays, artistes à leurs heures, se demandèrent si on ne trouverait pas à Lurcy, aussi bien qu'à Bourbon, les éléments d'une société musicale. L'idée était heureuse. Elle fit son chemin. De ce moment la fanfare de Lurcy fut décidée. L'honneur en revient à M. Alexis, ancien pharmacien à Lurcy.

Le 24 février 1868, la jeune société, pour ses débuts, offrit aux habitants de Lurcy, une soirée artistique qui lui gagna les sympathies de tous et, en particulier, celles de l'Administration municipale qui la subventionna (2).

La fanfare de Lurcy commençait à se faire connaître au dehors, quant éclata la guerre de 1870. Plusieurs de ses membres durent se disperser ; la plupart, les chefs entre autres, ne revinrent plus. Ce fut une désagrégation complète.

En 1883, la société fut reconstituée, mais son existence, quoique moins éphémère que celle de son aînée, ne

(1) *Victoires et conquêtes des Français*, tome xx, page 22, 1810.

(2) Délibération du 8 août 1869.

dépassa pas sept années. Néanmoins, pendant ce court espace, elle sut honorablement marquer sa place dans les concours (1).

Enfin, en 1894, quelques jeunes gens, pour donner satisfaction au vœu de la population, firent revivre une troisième fois la fanfare, à laquelle ils donnèrent le nom d'*Indépendante*.

Chronologie des Présidents de la Société :

1867, Boutry Charles ; 1870, Bodard Gilbert ; 1883, Hoën ; 1887, Peillaud ; 1894, Labrot H. ; 1896, Gauguery ; 1897, Desrues.

SECOURS MUTUELS

Cette Société de secours mutuels a été fondée en 1883 et approuvée la même année par arrêté préfectoral en date du 15 décembre. Elle compte actuellement 150 membres actifs et 20 membres honoraires.

Comme toutes les associations similaires, la Société de secours mutuels de Lurcy a pour but : de s'entr'aider et de se secourir mutuellement dans les maladies ; de donner des secours aux membres qui tombent malades ; de payer une indemnité pendant la durée de leurs maladies et de pourvoir à leurs frais funéraires.

L'actif de la Société était, au 1er juillet, de 5,723 fr. Elle a eu pour président depuis sa fondation : en 1883, M. Desbruères Eugène, et en 1895, M. Vernaudon Martin.

PRÉVOYANTS DE L'AVENIR

Tout le monde connaît le but et le fonctionnement de cette Société, qui a été fondée à Paris, le 12 décembre 1880. Elle a été autorisée par arrêté ministériel du 31 octobre 1887.

La Société des Prévoyants de l'Avenir est divisée en un nombre indéterminé de sections chargées de recou-

(1) Au concours de Moulins, en 1885, 2 premiers prix et un second, et au concours de Clermont, en 1886, 3 premiers prix dont un spécial et classement d'office dans une division supérieure avec félicitations du Jury.

vrer les cotisations des sociétaires qui les composent et d'en verser le montant à la caisse centrale.

Lurcy forme la 547e section, créée en 1889.

Nombre de sociétaires de la section : 200.

Président de la section depuis sa fondation : M. Mage.

UNION FRANÇAISE POUR LE SAUVETAGE DE L'ENFANCE

Cette œuvre, dont le siège est à Paris, rue Richelieu, n° 108, date de 1888. Un décret du 27 février 1891 l'a reconnu d'utilité publique.

Elle a pour but de recueillir les enfants maltraités, privés des soins indispensables, employés à la mendicité, livrés au vagabondage, occupés à des métiers au-dessus de leurs forces ou trop dangereux, et ceux dont les parents vivent dans une inconduite notoire et scandaleuse, s'adonnent à l'ivrognerie et ne tirent leurs ressources que de la mendicité.

Les enfants adoptés sont placés, suivant les cas, soit dans des établissements de bienfaisance, soit de préférence à la campagne, dans des familles de cultivateurs ou d'artisans.

L'Union possède actuellement quatre centres de placements en familles : deux dans la Creuse, un dans la Vienne et un autre dans l'Allier, à Lurcy.

Lurcy a été choisi, d'abord parce que le pays est très sain et que les maisons y sont bien tenues, mais encore pour répondre au vœu de Monsieur et de Madame Jean de Barrau, fils et belle-fille de feue Madame Caroline de Barrau, à qui la Société doit sa fondation. Monsieur et Madame de Barrau habitent une partie de l'année à Champroux, chez Madame Rodolphe Thuret, et s'occupent très activement des pupilles.

Le groupe de Lurcy a été formé en 1894. Il compte actuellement soixante-dix pupilles. Je dois ajouter à la louange de cette brave population de Lurcy, qui a déjà fourni à la société de l'Union française un certain de membres fondateurs, titulaires ou adhérents, que les pupilles du groupe ont toujours été, de sa part, l'objet de l'accueil le plus sympathique.

Directeur du groupe : M. Ad. Fourneris.

SOCIÉTÉ VÉLOCIPÉDIQUE

Lurcy possède une Société vélocipédique et un vélodrome établi sur un terrain communal, au champ de foires. L'inauguration de ce vélodrome, qui comporte des virages avec raccords paraboliques et revers relevés pour vitesse de 50 kilomètres à l'heure, a eu lieu le 22 août 1897, et fut l'occasion d'un grand festival.

Président de la Société : M. le docteur Montalescot.

LÉVY.

TROISIÈME PARTIE

LA BANLIEUE

LÉVY

Lévy, autrefois Poligny, Poligny-en-Bourbon, Pouligny, prit le nom de *Lévis*, devenu Lévy, après que cette terre fut érigée en duché-pairie en faveur de Charles-Eugène de Lévy, seigneur de Poligny. Le château est moderne. Il a été rebâti entièrement vers le milieu du XVIIIe siècle après l'incendie qui détruisit l'ancien manoir féodal.

Faits chronologiques. — 1259 : Guillaume de la Porte, chevalier, seigneur de Poligny, accorde aux habitants de Poligny une charte d'affranchissement. Nota : Cette charte, écrite en latin, est entièrement reproduite dans le premier volume des *Archives historiques de l'Allier*, pages 330 et suivantes.

1357 : Sentence arbitrale par laquelle Guillaume des Barres, au nom de sa femme, délivre et baille à Hugues de Château-Morand, son beau-frère, au nom de sa femme, le village d'Issartéox (*sic*) et les dépendances telles que les fixeront les experts. (Terrier de Lévy).

1389 : « Noble damoiselle Phelipe de la Porte, fille de feu Perrin de la Porte, femme de Jean Troussebois, damoiseau, avec l'autorisation de son mari, fait dona-

(1) Il existe près du château de Lévy, et en dépendant, une exploitation agricole appelée le domaine de la Porte.

tion à Guichard et Jean de Château-Morand, chevaliers, frères, pour les bons offices qu'elle en a reçus, de tous ses droits et actions sur le village d'Issartéols (*sic*) à elle échus par la mort de Jean de la Porte, son frère. » (Id.)

1399 : Jean de Château-Morand, seigneur de Châtelluz et de Polégny, achète pour la somme de 250 francs d'or du cours royal, de Jean Rocheri, seigneur de la Borde, tout ce que celui-ci possédait à Lurcy-le-Sauvage, diocèse de Bourges. (Id.)

1402 et 1405 : Le même, achète « *les molins d'Affoart*, assis sur la *rivière de Biodre* à Mézangy, avec la chaume de la Rolline, moyennant 60 écus d'or du coin du roy, valant 22 s. 6 d. la pièce, à charge de fief envers le duc de Bourbon. » (Id.)

1406 : Le même, achète, « par Henry Mégissier, bourgeois de Cenquoins, de Jean de Pesques, damoiseau, au nom de Guillemette, sa petite-fille, fille de feu Thévenin de Pesques, pour xvii** livres tournois ($17 \times 20 = 340$) payées comptant en bon écus d'or au coin de France, de l'hôtel et terre de la Cave avec dépendances ès-paroisses d'Augy-sur-Bois, Jouy, Saint-Aignan-des-Noyers et Lurci. » (Id.)

1412 : Le même, donne à son fils naturel, Guichard de Château-Morand, la *Chaussée d'Arcueil*, paroisse de Sancoins. (Id.)

1413 : Le même acquiert « tout ce que pouvait avoir Katherine Meignine, veuve de Jean Bessonnat de Ciregly en tant ce que comprend l'étang de *Chalistre* (étang de Béguin). (Id).

1478 : Jugement des assises de Poligny, en date du 4 janvier, maintenant dans leurs droits respectifs et le seigneur de Poligny et les habitants de la franchise. (Id.)

1489 : Louis de la Voulte, seigneur de Poligny, fait l'acquisition de Champ-Fromental. (Id.) La seigneurie de Champ-Fromental (aujourd'hui commune de Franchesse), avait pour titulaire, au xve siècle, Jehan, bâtard de Bourbon, connétable de France. Il avait épousé Agnès de Chailloux laquelle, devenue veuve, fonda une messe à Souvigny [1].

1505 : Loys de Lévy, chevalier, seigneur de la Voultre (*sic*) et de Poligny, cède à noble homme Gounnot des Bares, viscomte de Resmond et *seigneur de Lurcy, en partie*, la moitié des bois de la Buffère avec ses dépendances, en échange du clodis des Barres, près des fossés de Poligny. (Id.)

1508 : *Magnific* (*sic*) et puissant seigneur, Messire Jehan de Lévis, chevalier, seigneur de Charlus et de Pouligny, fait à Couleuvre diverses acquisitions de Jacques de Villars, seigneur de Blancs-Fossés. (Id.)

1533 : Transaction entre dame française de Poytiers, veuve de Jehan de Lévis, chevalier, seigneur de Charlus et de Poligny, Jehan de Lévis, chevalier, seigneur et baron de Châtel-Morant [2] Messire Gilbert de Lévis, comte de Vantadour, seigneur et baron de la *Vothe* (*sic*), pour le partage des biens de Château-Morant, conformément à l'arrêt du Parlement de Toulouse, du 15 février 1533 (v. s.), 1534. (Id.)

1550 : Charles de Lévis, seigneur de Poligny, prête foi et hommage ès-mains du chancelier de France pour la terre de Poligny. En 1556, il signe, en sa qualité de grand-maître des Eaux et Forêts de France, des nominations de gardes de la forêt de Gros-Bois. (Id.)

---

(1) Les archives de Lévy possèdent, carton 8, une consultation, signée Dubuisson, rélative aux droits de justice de Poligny et Champ-Fromental 1504-1611), et carton 7, les registres des justices de Bouquetrau et de Champ-Fromental.

Bouquetrau, dans la commune de Franchesse, avec un vieux château délabré, était jadis un fief important. Par acte du 18 février 1438 (V. S.) le lieu et hostel de Bouquetrau, avec ses dépendances, avait été donné par Odin de Dreuille à Beraud Frai, son neveu. D'après la tradition, la puissante maison de Lévy était, dans le principe, vassale du seigneur de Bouquetrau et, comme telle, lui devait foi et hommage. En 1770, aux requêtes du Palais, la terre de Bouquetrau avec ses dépendances fut adjugée à André de Sinéty.

(2) Les Chatel-Morant étaient seigneurs du château de Château-Morant en Forez. Dans la liste des chevaliers de l'ordre de l'Ecu d'or, créé en 1359 par le duc Louis de Bourbon, figure un de Châtel-Morant, seigneur de Château-Morant. Cette famille s'est éteinte dans celle des Lévis.

Novembre 1555 : Assassinat de Guillemette de Ricaumetz (ou Ricomer), deuxième femme et veuve de Charles de Lévy, douairière de Poligny. (Id.)

1568 : Claude de Lévy, seigneur de Poligny, est nommé chevalier de l'ordre du roi. (Id.)

Décembre 1572 : Sentence du châtelain de Poligny, adjugeant *au seigneur, par droit de commise,* une pièce de terre nommée là Praslay, tenant à la petite garenne de Poligny, *échangée par le possesseur, sans autorisation.* (Id.)

1593 : Guillaume Petit, prêtre, était vicaire de la chapelle de *Notre-Dame de Poligni.* (Id.)

1598 : Procès fait à Jean de Lévis, comte de Charlus, seigneur de Poligny, pour avoir, pendant la ligue, pris le château de la Motte et commis divers excès contre les sieurs d'Ussel, de la Motte et de Château-Vert. (Id.)

1610 : Assassinat, à Mézemblin, de Jean de Lévy. Sa veuve (1) se fait adjuger, en 1618 et 1621, les propriétés confisquées sur le meurtrier de son mari. (Id.)

1637 : Gilbert Beaudet, avocat, en la sénéchaussée du Bourbonnais, à Moulins, sieur de Montvillon, était fermier de la terre de Pouligny. (Id.)

1647 : Charles de Lévy se rend acquéreur des terres de Béguin et de Blancs-Fossés. (Id.)

1658 : Roger de Lévis, seigneur, marquis de Pouligny, baron de Champroux, fils de Charles et d'Antoinette de l'Hospital, époux de Jeanne de Montionnant (2), conseiller du roi, ès conseil d'Etat et privé, et son lieutenant en la province du Bourbonnais, achète, pour 42.273 livres, la terre des Barres confisquée sur Séraphin de Montrond, suivant brevet de Mgr le duc d'Angoulême et Joyeuse. (Id. — reg. de la paroisse).

1662 : Prise de possession par dame Antoinette de l'Hospital de Vitry, femme de Messire Charles de Lévis,

(1) Diane de Daillon du Lude, fille de Guy de Daillon, comte du Lude et de Jacqueline de Lafayette.

(2) En 1645, a signé un acte de baptême sous ces noms : Isaure de Montionnant, marquise de Poligny.

seigneur de Poligny, d'une maison, à Lurcy, en déshérence par suite du décès d'André de Ris et Pasquette Dugoux, sa femme, morts sans hoirs connus. (Terr. de Lévy).

1672 : Baptême d'Elisabeth de Lévy, fille de Roger, marquis de Lévy. (Reg. parroiss.).

1686 : Charles-Eugène de Lévis, époux de Françoise de Betthisy, est lieutenant pour le roi dans la province de Bourbonnais.

On lit dans d'Argouges : « M. le marquis de Lévy est lieutenant du roi ; M. le comte de Charlus, son fils, en a la survivance. Le père et le fils ont une partie de leurs terres dans cette province et le père y fait sa résidence ordinaire. » (Procès-verbal de la Généralité de Moulins.)

1723 : Charles-Eugène, le dernier des marquis de Pouligny, fait ériger la terre de Lévy, qui comprenait alors les seigneuries de Lurcy, Pouligny, Champroux, etc., en duché-pairie sous le nom de Lévy. C'est à partir de ce moment que Lurcy-le-Sauvage fut appelé Lurcy-Lévy.

Avant de quitter la maison de Lévis, je rappellerai que cette famille se targuait d'une parenté avec la Sainte-Vierge. Il existerait même encore à Toulouse, ou au château de Chevreuse, un tableau représentant un sire de Lévis se tenant découvert devant la Vierge et au-dessous cette légende :

« — Couvrez-vous mon cousin. »

« — C'est pour ma commodité, ma cousine (1). »

Cette parenté, dit Touchard-Lafosse, « n'empêchait pas que les seigneurs de ce nom, très redoutés dans le pays, n'y eussent laissé une renommée fort peu digne de cette sainte descendance : On raconte, entre autres anecdotes, un trait qui prouve que l'un de ces barons se montrait parfois assez mauvais plaisant. Un religieux mendiant lui ayant demandé l'aumône, il exigea, avant de l'assister, qu'il montât, en sa présence, un cheval fougueux et indompté, afin d'amuser sa malice des frayeurs du pau-

(1) *Assises scientifiques du Bourbonnais.* 1866 ; pages 62 et 698.

vre moine. Il est probable que cette lutte entre l'inhabileté équestre du pauvre père et la fougue de l'animal, se termina par une lutte plus ou moins violente, et l'écuyer en froc résolut de se venger. Or, il avait un frère qui maniait le plus rétif coursier avec autant d'adresse que lui le goupillon ; ce frère se déguisa en moine, et vint à son tour solliciter la charité de Lévis. Pas ne manqua celui-ci d'exiger de ce prétendu mendiant la condition imposée à l'autre. Le faux moine obéit, amusa quelques instants le seigneur des feintes balourdises d'une grossière inexpérience, comme pourrait faire aujourd'hui le paillasse des frères Franconi, puis, piquant des deux, le fin matois disparut avec sa monture.

« La leçon valait bien *un beau cheval sans doute*(1). »

La maison de Poligny ou de Lévy, pendant le XVIIe siècle et la première partie du XVIIIe, était montée sur un pied princier. J'ai relevé sur les anciens registres de la paroisse, indépendamment des officiers et cavaliers au régiment de Lévy, « des aumôniers, des écuyers, des gentilshommes de chambre, des secrétaires particuliers, des procureurs fiscaux, des lieutenants des chasses, des maîtres d'hôtel *dans toutes les maisons de la seigneurie*, des chefs de cuisine, des intendants et agents d'affaires, des piqueurs de la vénerie, des capitaines des gardes, des gardes du corps, des premiers gardes, des gardes-pêche, gardes-chasse, gardes-marteau, gardes des forêts ; des receveurs, des hommes de chambre, des filles de charge, des jardiniers, des suisses, des postillons, des cochers, des laquais, des valets de pieds, etc., etc. Et parmi tous ces officiers et serviteurs, des noms à particule : un de Fraisne et un de Silla, écuyers ; un Mirebeau de Coulon, gentilhomme-écuyer ; un de Massy, premier gentilhomme ; un de la Roche et un de Launay, secrétaires ; un de Limoge, multier (*sic*) ; un de Maucourt, homme de chambre ; et, pour clore la liste, un de la Tour d'Auvergne, palfrenier.

(1) *Loire historique*, tome 2, page 315

1738 : La terre de Lévy est entre les mains de la famille de Castries. Je trouve dans les cahiers de la paroisse : *Messieurs de Castries*, seigneurs de Lévy et autres terres (29 décembre 1738) ; Gabriel Péronnet, garde de MM. de Castries (1739) ; M. le marquis de Castries, *seigneur de cette paroisse* (15 janvier 1747) ; *seigneur de Lévy* (28 août 1748) ; *seigneur de céans et autres lieux* (1744) ; etc., etc.

1744 : Incendie de Lévy. Les archives de Lévy contiennent les procès-verbaux de ce sinistre. Ils sont datés des 11 et 25 janvier 1744.

1752 : Jacques Hardoin Mansart est seigneur de Lévy, Champroux, Bouquetrau et autres lieux. Il habite le château de Sagone (Cher). En 1755, il signe sur les registres paroissiaux : Mansart, *marquis de Lévy*. (Acte du 19 octobre).

1759 : André de Sinéty, chevalier de Saint-Louis, commandant de l'ordre de Saint-Lazare, maréchal de camp, sous-gouverneur des enfants de France, premier maître d'hôtel du Comte de Provence, époux de Anne de Ravenel, acquiert la terre de Lévy.

André de Sinéty appartenait à la branche cadette d'une ancienne famille originaire d'Italie. Il eut deux enfants, André-Louis-Marie, qui lui succéda dans ses terres et seigneuries, et Marie-Gabrielle, qui épousa Joseph-André-Hippolyte de Grammont, fils unique du duc de Caderousse.

1770 : « La terre de Lurcy-Lévis, — dit Grégoire, — qu'André de Sinéty avait achetée... fut érigée en marquisat, en sa faveur, par lettres-patentes d'août 1770[1]. » Nous venons de voir que Mansart n'avait pas attendu les lettres-patentes du roi pour prendre le titre de marquis de Lévy.

Les armoiries des Sinéty étaient *d'azur au cygne d'argent, ayant le col passé dans une couronne à l'antique de gueules*. (*Armorial du Bourbonnais*[2]).

(1) *Ancien canton de Lurcy*, page 23.

(2) Page 285, planche xxive.

1775 : Mort d'André de Sinéty. Il y a moins de soixante ans qu'on voyait encore, dans l'intérieur de l'église de Lurcy, les traces de la litre avec écussons qui y avait été peinte à l'époque de sa mort. Les droits de litre et de chapelle étaient des droits honorifiques auxquels les titulaires tenaient beaucoup et qui furent souvent l'origine de longs procès entre seigneurs voisins, ou entre seigneurs et fabriques d'église.

1779 : Anne de Ravenel, veuve d'André de Sinéty, dame de Lévy, tutrice de ses enfants pendant leur minorité, rend ses comptes de tutelle.

1783 : André-Louis-Marie de Sinéty, fils d'André, époux d'Antoinette-Constance-Louise-Candide de Brancas, achète Neureux et y fixe sa résidence.

« Sinéty, — dit Grégoire, — n'était pas un de ses seigneurs vivant continuellement à la cour, ne venant dans leurs terres que pour remplir leurs coffres. Il faisait de longs séjours dans son château ; il s'intéressa à la population de Lurcy et des paroisses voisines, et leur donna de l'ouvrage, soit dans sa verrerie, soit dans les forêts qui fournissaient le combustible nécessaire à la fabrication [1]. »

Cela est vrai, mais il faut convenir aussi que le pays lui en a été largement reconnaissant, car ce richissisme personnage, un des plus grands propriétaires fonciers du Bourbonnais, a pu, — chose inouïe, — traverser la période révolutionnaire, non seulement sans quitter le pays, mais encore sans être sérieusement inquiété et en conservant l'intégralité de ses immenses propriétés [2].

Il avait chargé le célèbre chimiste Hassenfratz de l'analyse des terres de ses domaines, et ce savant y avait constaté la présence du kaolin. Cette découverte engagea le marquis à doter le pays d'une nouvelle industrie : Il

(1) *L'ancien canton de Lurcy*, page 24.

(2) Dans la commune de Lurcy, il y eu cependant une vente de biens nationaux. Mais ces biens : la Buffère, la Chevretière et quelques autres, appartenaient à l'émigré Bosredon. La Chevretière (domaine et locaterie) fut adjugée à 5,290 fr. et le domaine de la Buffère à 3,300 fr.

transforma son château de Lévy en manufacture de porcelaine.

An II : Cette manufacture est en pleine activité, alimentée, non par le kaolin de Lurcy qui n'a jamais été exploité, mais par les produits du Limousin. Elle a pour directeur Nicolas Deruelle, qu'on retrouve, cette dite année, faisant acte de patriotisme en équipant à ses frais un des enrôlés volontaires pour la défense des frontières [1].

Pour ne pas avoir à revenir sur la fabrique de porcelaine de Lévy, je vais terminer son histoire. Elle eut beaucoup à souffrir sous la Révolution et l'Empire, mais en 1815 elle fut affermée à M. Burguin père, qui l'a pour ainsi dire recréée.

« Aujourd'hui (1819), lit-on dans l'Annuaire de l'Allier pour 1820, Aujourd'hui, il y a vingt-quatre tourneurs, tous pris dans le canton et formés par M. Burguin père ; il emploie soixante individus, fait quatre fournées par mois, et a l'espérance fondée de voir s'accroître des ateliers qui déjà ne peuvent suffire aux demandes. Cette porcelaine, qui est très belle, doit devenir un objet d'industrie d'un grand intérêt pour ce département [2] ».

Des mains de M. Burguin père, la direction passa dans celles de M. Paul Burguin, son fils. Ce dernier la maintint dans sa bonne renommée ; mais, vers 1855, époque à laquelle M. Henry Thuret fit réparer le château de Lévy pour l'habiter, il l'a transféra à Couleuvre.

An III : Le marquis est au nombre des acquéreurs du monastère des religieux Augustins de Lorette (commune du Veurdre), vendu nationalement avec ses dépendances. Dans la partie qui lui est échue, figurent les bâtiments conventuels. Ces bâtiments étaient encore intacts en 1834, quand les propriétaires de Lévy les revendirent. En 1866, pendant la démolition d'une des chapelles latérales de l'église, on put pénétrer dans le caveau qu'elle renfermait par un trou pratiqué à la voûte. Voici la copie textuelle

(1) Registre des délibérations municipales.

(2) Page 67.

d'une note qui m'est communiquée et qui a été écrite à cette époque par un touriste, qui profita de son passage en ces lieux pour visiter le caveau.

« Aujourd'hui, lundi 5 mars 1866, les ouvriers occupés à la démolition du couvent de Lorette ont découvert le caveau d'une des chapelles. J'ai pu, deux heures plus tard, visiterce caveau. Il y avait, reposant sur des tréteaux, deux cercueils de plomb placés dans des cercueils de bois tombant de vétusté. Ils venaient d'être ouverts. Le premier renfermait le squelette d'un homme de haute stature, une couronne seigneuriale en *fer blanc*, peinte de diverses couleurs, mais toute bossuée et environ un litre d'un liquide noirâtre provenant de la décomposition du corps. Dans le second cercueil reposait le squelette d'une femme de petite taille. Près de ces cercueils, mais à même les dalles, quelques ossements, trois têtes d'enfants et un débris de madrier. Une ardoise gravée, que je n'ai pu voir, avait été enlevée par le propriétaire de l'immeuble et envoyée à l'archiviste de l'Allier. C'est du moins ce que m'a dit le manœuvre qui m'accompagnait. Ce brave garçon me donna même l'assurance que ces corps reposent dans ce lieu depuis plus de cent quarante ans et qu'ils sont ceux d'un seigneur de Lévy et de sa femme. »

Le marquis de Sinéty eut trois enfants : André-Louis-Marie-Théogène, né à Paris en 1789 ; André-Louis-Waldemar-Alphée, né à Lurcy en 1791 et Armande-Gabrielle-Marie-Louise-Pauline-Sidonie, née également à Lurcy, en 1792. L'aîné de ces enfants, ancien colonel de cavalerie, mourut à Aix (Bouches-du-Rhône), le 8 novembre 1846). Il légua, par son testament des 4-6 novembre de la dite année, une somme de 15.000 francs pour la fondation, à l'hospice de Bourbon-l'Archambault, d'un lit destiné à recevoir, pendant la saison des eaux, du commencement à la clôture inclusivement, les malades des communes de l'ancien marquisat ; et à l'église de Lurcy, 10 francs de rente pour un anniversaire perpétuel (1).

(1) Ce legs, accepté par le Conseil municipal le 9 août 1849, a été autorisé par décret du Président de la République, le 2 avril 1851.

Je rappellerai à ce sujet la réflexion judicieuse et pleine d'à-propos de Grégoire : « Le marquis ne fut guère généreux pour ces communes auxquelles son père devait tant de reconnaissance (1) ».

1823 : La terre de Lévy est acquise par Madame Louise-Cordélia-Eucharis Greffulhe, épouse du comte Esprit-Victor-Elisabeth-Boniface de Castellane, pour le prix de seize cent mille francs, prix dérisoire comme on peut en juger par le détail suivant de la propriété. Je l'extrais de l'acte de vente passé pardevant Me Lahure, notaire à Paris, le 25 janvier 1823 :

« La terre de Lurcy (*sic*) composée d'un château, manufacture, bâtiments, etc. ; 2o du domaine de Rohan (*sic*) ; 3o du domaine de la Porte ; 4o du domaine de la Manche ; 5o du domaine Mallet ; 6o du domaine de Béguin ; 7o du domaine des Bruyères ; 8o du domaine des Barathons ; 9o du domaine des Grands-Barathons ; 10o du domaine des Bruyères de Champroux ; 11o du moulin de Billaud ; 12o de la locaterie de Gonnat (?) ; 13o de celle du lieu Boisseau ; 14o de celle de Mésemblin ; 15o de celle de l'Etang ; 16o du palais de Lurcy ; 17o du château de Blancs-Fossés ; 18o du domaine de Blancs-Fossés ; 19o du domaine du Bourg ; 20o du domaine de la Taupinière ; 21o de celui de Cottereau ; 22o de l'Etang-Neuf ; 23o de l'étang du Petit-Barathon ; 24o du domaine de la Pêcherie ; 25o de la forêt de Soussarain ; 26o de la verrerie et réserve de Champroux ; 27o de la forêt de Champroux ; 28o du moulin de Champroux ; 29o du domaine de Buchepot ; 30o de celui de Sauveté ; 31o de l'Etang-Vieux ; 32o de celui de Dramy (*sic*) ; 33o de l'étang de Souche (?) ; 34o de celui de Rinchat (*sic*) ; 35o de la locaterie Frot ; 36o du domaine des Grands-Bariteaux ; 37o des terres du Champ-Fromental ; 38o du château et domaine d'Avreuil ; 39o du domaine Lafond, à Sancoins ; 40o du domaine Magnoux ; 41o de la locaterie des Harreaux ; 42o de l'étang Navet, commune de Vauvres ; 43o des domaines de Ferrières, de la Tour, de

(1) *L'ancien canton de Lurcy*, page 29.

Montvrain, du bois de la Chaume ; du domaine des Petites-Brosses ; de celui du petit Font-Aubin ; de l'étang Sebeau, de l'Etang-Neuf, de l'étang Larreau ; du domaine de Laforêt ; de la locaterie de la Manche ; des domaines Chauvet, Prélaterie, Renaudière, des Blanchets ; de la locaterie des Blanchets ; des domaines des Gondoux, des Gandons, du petit Dumy, du petit Barriteaux, de la Plotte (?) ; de la locaterie de Pet ; de la locaterie de la Vieille-Forge ; de la terrière Allentie (*sic*) (Nièvre) ; de la locaterie le Vrepy ; du moulin Poudet ; de la terre de Neureux composée du château et dépendances ; de la locaterie du Vignoble ; du Bois-Renaud ; de l'étang de la Gravette ; du vignoble de la Coûture ; du domaine du Jallet ; de celui du Seu ; de ceux de Châteauroux, de la Mousse ; de la locaterie de la Boudelle ; du moulin de Neureux ; de partie de rentes foncières et du couvent de Lorette ; ensemble, 4.439 hectares 50 ares 72 centiares. »

Soit au total : quatre châteaux, deux manufactures, l'ancien palais de justice de Lurcy, l'ancien couvent des Augustins de Lorette, au Veurdre, avec leurs réserves ; trente-neuf domaines, treize locateries, quatre moulins ; deux forêts, un bois, onze étangs ; plus des terres, des vignobles, des rentes foncières, etc.

Le comte de Castellane, le futur maréchal de France, était alors colonel. Il représenta le canton de Lurcy au Conseil général de l'Allier, de 1824 à 1833.

J'ai sous les yeux, en écrivant ces lignes, une lettre du maire de Lurcy à un personnage influent, mais qui n'est pas dénommé ni qualifié. Il est dit dans cette lettre, qui porte la date du 17 décembre 1823, que les nouvelles démarches des habitants du Veurdre pour obtenir le canton pourraient apporter obstacle aux projets que Monsieur et Madame de Castellane auraient de créer, dans le pays, de grands établissements industriels.

Il s'agissait probablement de la reprise de l'ancien projet du marquis de Sinéty : « la construction d'usines à Champroux pour remplacer celles qui existait anciennement », projet qui donna lieu, dans toutes les communes environnantes à une enquête administrative (1).

Inutile d'ajouter que ces projets n'ont pas abouti.

1831 ; Le 20 novembre 1852, Monsieur Louis Boyer, propriétaire à Moulins (et à Lurcy), fait don à la *Société d'Emulation de l'Allier*, dont il est membre correspondant, « de plusieurs médailles ou monnaies romaines trouvées, en 1831, près du château de Lévy..... Ces monnaies sont à l'effigie des empereurs qui régnèrent du milieu du IIIe au IVe siècle. » (*Bulletin de la Société d'Emulation, tome 2, p. 347*).

1833 : Acquisition de Lévy par Isaac Thuret et Jacoba-Henrietta-Elisabeth Vander-Paadevoort, son épouse.

1852 : Mort d'Isaac Thuret. Son fils Henry hérite du château de Lévy et des terres qui en dépendent. L'année suivante, Madame Henry Thuret, née Louise Fould, fait restaurer le château.

Nous avons déjà vu que Madame Henry Thuret était la fondatrice de l'hôpital cantonal et de la bibliothèque populaire.

Madame Henry Thuret est morte à Paris, au mois de février 1882. Le bien qu'elle a fait dans le pays fera toujours chérir sa mémoire.

Je regrette que le cadre restreint de cette notice ne me permette pas de reproduire *in-extenso* l'oraison funèbre que lui fit M. le pasteur Viguié. J'en extrais seulement ce passage :

« .... C'est sous cet aspect de la charité que Madame Thuret comprit la vie et l'Evangile. Ce fut le trait distinctif de son caractère. D'autres saisissent la vie et l'Evangile sous d'autres aspects, par le côté de l'intelligence, de la science, de la doctrine, de l'imagination, de la pratique réglementaire. Elle les saisit par le cœur. Le cœur fut sa grande inspiration. Sa vie fut un service aux autres, un élan, une générosité, un sacrifice et, j'oserai dire, presqu'une immolation. »

(1) Voir l'arrêté préfectoral ordonnant l'enquête, en date du 3 juin 1809.

1882 : Lévy passe aux mains du comte de Waldner de Freundstein, époux de Madame Adèle Thuret.

LES AVIGNONS

Le village des Avignons était compris dans la *Franchise de Poligny*. On a conservé le nom de *Franchise* à un terroir de cette contrée.

On voit dans les archives du château de Lévy (carton 27) plusieurs pièces de procédure, de 1568 à 1570, contre les *franchisiers* de Poligny qui avaient différé ou refusé de payer le droit de *quête quinquennale* et de s'imposer une taille de 30 sols par tête pour la nouvelle chevalerie de leur seigneur, Claude de Lévy, nommé chevalier de l'ordre du roi (taille aux quatre cas).

Pendant les mois de février et de novembre 1693, le curé déclare avoir inhumé *dans le cimetière des Avignons*, un habitant du village et une femme des Chailleux. (*Registre paroiss.*).

Quel emplacement occupait ce cimetière ? Personne, aux Avignons, n'a pu me renseigner sur ce point.

Il y a quelques années, les ouvriers occupés à la réfection du chemin des Avignons, trouvèrent, en creusant un nouveau fossé, une pièce d'or isolée. J'eus l'occasion de voir cette pièce chez l'horloger qui l'avait achetée et je reconnus un ducat de Florence, du XVIe siècle, à l'effigie de Saint-Jean.

LES BEAUDRANS, DAGUIN, FOUIJE, JEAN-DE-NEURE

Dans cette contrée, on a trouvé et on trouve encore de temps en temps, à peu de distance les uns des autres, quelques squelettes humains, ce qui a donné lieu à cette conjecture populaire, passée à l'état de légende, du *cimetière des Beaudrans*. On ajoute que ce cimetière était celui de l'ancienne, de la primitive ville de Lurcy, que l'on place entre les domaines de Daguin et de Jean-de-Neure,

CHATEAU DE BÈGUIN

à Fouije, là précisément où, jadis, le pic et la charrue ont mis à découvert quelques substructions gallo-romaines.

Ces deux ou trois moëllons superposés et que recouvrent en partie des herbes rustiques sont-ils bien les restes d'un ancien *oppidum* ? Ne serait-il pas plus raisonnable, à défaut de preuves plus démonstratives, d'admettre qu'il y avait tout simplement, en ce lieu, une de ces retraites comme on en construisait jadis pour s'y réfugier et y cacher ce qu'on avait de plus précieux, pendant les temps de péril et d'invasion ?

BÉGUIN, BLANCS-FOSSÉS

Béguin, qu'on trouve orthographié de diverses manières : *Biguin, Bigun, Béghuin*, etc., est une ancienne seigneurie et l'un des fiefs de la terre de Lévy, avec un château moderne qu'a fait construire son avant-dernier propriétaire, M. Edouard Fould, sur les ruines d'un vieux manoir féodal dont on n'a conservé qu'une tour.

La terre de Béguin comprend l'ancienne seigneurie de Blancs-Fossés ou des *Blancs-Fossés*. Ce lieu dépend, aujourd'hui, de la commune de Couleuvre.

J'emprunte la description suivante à un enfant du pays, Hippolyte Percher, plus connu dans le monde politique et littéraire, sous le pseudonyme d'Harry Alis. C'est un hommage personnel que j'entends rendre à la mémoire de cet éminent compatriote qui, non seulement fut un écrivain de mérite, mais encore un véritable patriote, un des plus ardents champions de notre expansion coloniale. Personne n'ignore avec quelle activité, je dirai même avec quel acharnement, il combattit l'influence anglaise en Egypte (1).

(1) Hippolyte Percher est né à Blancs-Fossés, le 7 octobre 1857. Il fut tué le 1er mars 1895, dans un duel avec M. Lechâtelier. Il était rédacteur du *Journal des Débats*, délégué du Congo français au Conseil supérieur des Colonies, Secrétaire général du Comité de l'Afrique française et Chevalier de la Légion d'honneur. Hippolyte Percher fut le fondateur, soit seul, soit en collaboration de plusieurs journaux et revues : *La Revue littéraire*, *Le Revers de la médaille*, *La Tribune des employés*, le

« Au milieu de la prairie immense, aplanie, fouillée, défoncée, retournée en tous sens par l'activité âpre des paysans, s'élèvent, imposants encore dans leur délabrement, les restes du château démantelé des sires de Blanc-Fossé.

« Autrefois, la plaine irrégulière se fendait tout autour en un large fossé circulaire, barrière opposée aux entreprises audacieuses des seigneurs voisins, de Lévy, de Champroux et de cet autre, dont l'accoutrement farouche est encore fixé grossièrement dans une pierre tombale, sous les sombres arceaux de l'église paroissiale (1).

« Là, se voyaient des ponts-levis, des herses et des tours, mystérieusement menaçantes, trouées seulement de barbacanes et de créneaux, derrière lesquels circulaient des hommes armés...

« Aujourd'hui, le temps a exercé son action destructive sur ces fiertés; avec lui, les Révolutions implacables ont promené leurs fers et leurs torches, accomplissant leur œuvre de nivellement moral et de nivellement matériel. Ebranlée dans son altière solidité par les boulets de Richelieu, l'habitation seigneuriale, déjà dépourvue de son prestige guerrier, a subi encore les haineuses attaques des vilains de 89, acharnés contre les monuments de leur servitude (2).

« Maintenant, tout est fini. Le fossé est à sec et les cours

Journal égyptien, le *Bulletin de l'Afrique centrale*. Entre temps, il collabora à plusieurs journaux de Paris et de la province. Il écrivit plusieurs romans : *Petite Ville*, *Hara-Kiri*, *Reine Soleil*, *Quelques fous*, etc ; et enfin, pour faire ressortir les progrès de la France en Afrique : *A la conquête du Tchad*, *Nos Africains* et *Promenade en Egypte*. Il avait puissamment contribué à fonder l'*Agence Dalziel*, office télégraphique, qui rendit de réels services pendant sa trop courte existence et que des intérêts coalisés firent tomber.

(1) Eglise de Couleuvre.

(2) Entraîné par son imagination de poète, notre compatriote formule ici une accusation gratuite. Pendant l'époque révolutionnaire, le pays — rare exception — n'a eu à déplorer aucun acte de vandalisme. De plus, je n'ai vu nulle part que le canon du terrible cardinal-ministre ait grondé dans nos parages, ce qui serait d'autant plus étonnant que tous les seigneurs de la contrée étaient du parti royal. La destruction du vieux château-fort de Blancs-Fossés a été graduelle et toute naturelle : l'abandon et les injures du temps sont les seuls coupables.

du manoir sont recouvertes par une épaisse patène où pousse dru le gazon envahisseur de la prairie. Deux tours seules demeurent, avec la ténacité particulière à ces solides ouvrages : encore sont-elles bien endommagées. L'une, percée en tous sens de trous qui servent de refuge aux lapins, a été abattue à la suite d'un coup de vent ; l'autre, sapée à sa base, tient pourtant par un miracle d'équilibre et dresse vers le ciel ses deux pointes déchiquetées, où serpentent des lierres inextricables, écartés çà et là sous l'active poussée d'arbrisseaux rabougris. Sur la plate-forme, refuge habituel des oiseaux nocturnes, les galopins grimpent, au péril de leur vie, pour satisfaire une bizarre curiosité et s'enfuient au bruit retentissant d'une pierre qui s'est subitement détachée, marquant de sa chute sonore un pas de plus vers la date fatale où la tour entière, lasse de sa résistance séculaire, s'écroulera sur la terre qu'elle couvre de son ombre étrangement découpée.

« Entièrement respectée par les superstitions royales et populaires, la chapelle a survécu, intacte. Les métayers du domaine l'ont utilisée pour remiser leurs récoltes et, aujourd'hui, des tas de pommes de terre, de carottes et de betteraves couvrent à l'intérieur les dessins pâlis des peintures murales, tandis que s'élève encore au dehors la croix de pierre, à la pointe du bâtiment dont l'échine semble brisée sous des affaissements successifs, — triste rapprochement entre le culte et le symbole.

« De l'autre côté du ravin, là où se trouvaient autrefois les ouvrages avancés du château, s'étendent les bâtiments du domaine de Blanc-Fossé, puis, sur la gauche, les hangars rouges de la tuilerie. Toute la journée, au lieu des cris des sentinelles, l'air retentit sous les chocs répétés des Marchois, manieurs d'argile, qui viennent pour *faire une campagne*, vivant de pain bis et couchant sur la dure, puis retournant dans leur pays avec leurs maigres économies (1). »

(1) *Petite Ville*, page 105 et suivantes.

Non loin de Blancs-Fossés, à la Flandrie, autre dépendance de Béguin [1], M. Fould y avait établi un haras qui eut son heure de renommée. L'un des chevaux élevés dans ce haras, *Saxifrage*, a été vendu, en juin 1877, 25,000 francs à un éleveur de Normandie. Il s'y fabriqua, pendant plusieurs années, des fromages gras qui obtinrent des récompenses dans les concours. Rayeur comparait le fromage de la Flandrie au Camembert et lui reconnaissait une qualité supérieure [2].

Faits chronologiques. — 12 mai 1408 : Vente à Jean, bâtard de Châteaumorant, procureur de Jean de Chastelmorant, seigneur de Chatelluz et de Poligny, par divers, de leurs droits sur une pièce de pré « estant en l'estang de *Chalistre* (plus tard l'étang de Béguin), appelé les Tailiers, l'eau duquel étang comprend le dit pré, etc. » (Terrier de Lévy).

1479 : Jean de Béguin, seigneur du dit lieu, achète à Jean de Contremoret, seigneur de Savaye, en Berry, les droits qu'avait ce dernier à Lurcy, Pouzy et Couleuvre, moyennant 150 livres tournois. (Id.)

1480 : Un Pierre de Béguin dans la liste chronologique des prieurs de Souvigny gouvernait à cette date. Il occupe le 30e rang.

1481 : Echange par le duc de Bourbon à Jean de Villars, de la terre de Blancs-Fossés, contre celle de Frontenat. (Terrier de Lévy).

1504 : Jean de Villars, seigneur de Béguin, semble reposer dans l'église de Couleuvre, ce qui est en contradiction avec l'inscription d'une pierre tombale placée dans la dite église [3]. Voici cette inscription, elle est en capitales romaines et entoure un chevalier armé de

(1) A l'époque de la Révolution, la Flandrie appartenait à l'émigré Bosredon et fut vendue nationalement en l'an VIII, au sieur Paon, au prix de 2.025 francs.

(2) *Les Départements français. L'Allier*, page 154.

(3) Cette pierre est encastrée dans le mur faisant face à la porte latérale donnant sur la route de Cérilly.

toutes pièces : « Cigit noble homme Jean de Vilar, écuyer, seigneur de Béguin, et phis aîné de noble homme Gilbert de Vilar et de damoiselle Claude de Gurande; ses pères et mères, qui est décédé le lundy, cinquième jour d'averil, l'an 1504, fut blécé le mercredi 30 de mars au bouas de Soucerin, des garnisons de Saint-Liénard, seigneur de *Blanfoussé*, d'un coup d'escopaite, au travers du cord, et fut mené frotefons et mort à Grossouvere, en l'âge de vin cinc ans. »

1504 : Gilbert de Béguin (1504), Marguerite de Béguin (1505), renoncent au profit de Gilbert de Moussy et de Françoise de Béguin, sa femme, à tous droits sur Béguin. (Terrier de Lévy).

1506 : Gilbert de Moussy, seigneur de Béguin, reçoit de Gonnot des Barres, seigneur de *Lurçy*, cession de tous ses droits sur la terre et justice de Lurcy, en échange de ses seigneuries en Bourgogne. (Id.)

1508 : Vente par noble homme Jacques de Villars, escuyer, seigneur de Blanfoussé à magnific et puissant seigneur, Messire Jehan de Lévis, chevalier, seigneur de Charlus et de Pouligny, pour 100 livres tournois, de 6 livres tournois de rente et deux deniers tournois de cens à la Saint-Michel, au lieu de Pouligny, sur l'étang de l'*Escuelle*, paroisse de Couleuvre et Lurcy, joignant le chemin de Sagonne à Couleuvre et le chemin de la métairie de Brochet à Blanfoussés. (5 mars 1508. Vieux style : 1509). (Id.)

1516 : Jean de Moussy, seigneur de Béguin, reçoit de Jean de Lévy, baron de Charlus et des Granges, la cession de la seigneurie de Rozières en l'évêché de Limoges, en échange de la moitié de la terre et seigneurie de Béguin advenue au dit Jean de Moussy par la mort de son frère aîné Gilbert, héritier de Françoise de Béguin, sa femme. (Id.).

1521 : Charles de Villars, seigneur de Blancfossés, comparaît aux Etats de Bourbonnais, tenus à Moulins, pour la rédaction des nouvelles coutumes. (Proc.-verb. de l'époque).

1547 : Joachin de Moussy, seigneur de Béguin, cède à Gille Peneret, notaire, l'étang des *Chaudines* en échange du grand pré de la *Noue-Bizot*, (Terrier de Lévy).

1554 : François de Villars acquiert pour 800 livres tournois, la métairie des *Abatteys*. (Id.)

1569 : « Le sieur de Béguin, vassal de Bourbon ». (Nicolay).

1572 : Cession par Gilbert de Villars, seigneur de Blancfossé, à François de Chussy et Anne de Moussy, sa femme, des seigneuries de la Valette et des Godets, en échange de la terre et seigneurie de Béguin. (Terr. de Lévy).

1599 : Partage entre Louis et Charles de Villars, par lequel Blancsfossés reste au premier et Béguin à l'autre. (Id.).

1609 : Jean de Lévy, seigneur de Poligny, et Diane de Daillon, sa femme, cèdent à Loys de Villars, escuyer, seigneur de *Blanfoussés* et Biguin, l'étang de Chalistre et dépendances, avec justice haute, moyenne et basse pour 1,800 livres. (Id.)

1627 : Echange de divers cens et droits de justice entre Diane de Daillon, dame de Charlus, et Charles de Villars, écuyer, seigneur de Pouzy, Béguin, etc. (Id.)

1627-1650 : Charles de Villars, seigneur de Pouzy, marié à Ylaire de Murat eut deux fils, Jehan et Gilbert, seigneurs de Pouzy, Biguin et Blancs-Fossés, et deux filles, Anne et Marguerite, l'une religieuse du couvent de Saint-Menoux, l'autre mariée, en 1628, au sieur de Marcenat. (*Reg. paroiss. de Pouzy*).

1630 : Denys de Villars, sieur de Biguin. (Id.)

1639 : Hyller (*sic*) de Murat, damoiselle de Blancsfossés, Pouzy et autres terres et seigneuries (*Reg. paroiss. de Lurcy*).

1646 : Reyné Bertillon, advocat en parlement, était châtelain de Blancs-fossés. (*Reg. parr. de Couleuvre*).

1647 : Vente de Blancs-fossés et Béguin par Gilbert de Villars à Charles de Lévy. (Terrier de Lévy).

1676 : Antoine Alaroze était châtelain de Blancs-fossés. (*Reg. parr. de Lurcy*).

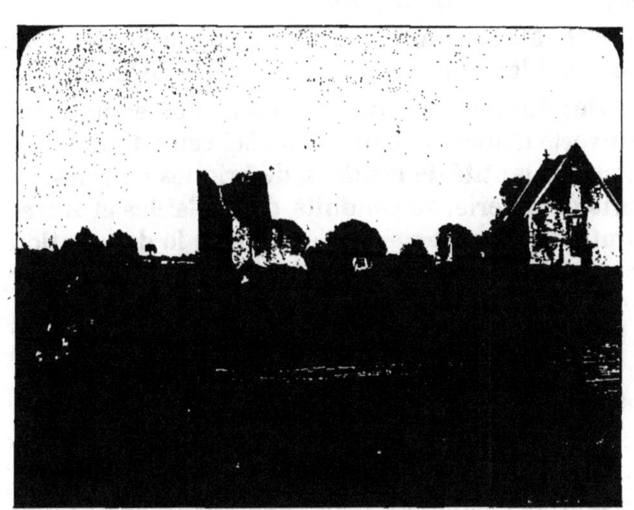

BLANCS-FOSSÉS.

1686 : Gilbert Douët était fermier de la seigneurie de Béguin.

De 1647 à 1834, les seigneuries de Béguin et de Blancs-fossés font partie de la terre de Lévy. A cette dernière date, M. Resmond Gabriel-Urbain et Madame Charles-Aymé Gémois, sa fille, deviennent acquéreurs de la terre de Béguin.

1849 : Par voie de succession, M. Gabriel-Ernest Gémois devient propriétaire de Béguin.

1853-1862 : M. Edouard Fould acquiert, à la première de ces dates, Blancs-Fossés et à la seconde, Béguin.

1865 : Des fouilles pratiquées à Blancs-Fossés amènent la découverte d'anciens bains et à côté ceux d'un hypocauste, plus quantité de cendres, de briques noircies, de fragments de poterie, de conduits, de médailles et autres objets antiques appartenant à l'époque de la domination romaine. Ces objets furent envoyés à Paris par M. Fould. Que sont-ils devenus ? MM. Jules Percher, ancien régisseur de Blancs-Fossés et Charles Boutry, notaire honoraire à Lurcy, de qui je tiens ces détails, n'ont pu me renseigner sur ce point[1].

1881 : Mort de M. Fould. Il avait été député de l'Allier de 1863 à 1868, époque à laquelle il donna sa démission pour raison de santé, et deux fois maire de Lurcy. M. Daniel Thuret, son neveu, hérite de Béguin et de Blancs-Fossés.

Et maintenant, je profiterai de l'occasion qui m'a fait mettre le pied sur la commune de Couleuvre pour rap-

(1) Au moment où je trace ces lignes, il m'arrive de Lurcy l'écho d'un bruit auquel je n'attache aucune créance. Tout le monde, paraît-il, s'entretient de la découverte récente, au lieu de Fontaubin, d'une source minérale dont la température atteindrait le degré de la thermalité. On ajoute que l'autorité a provoqué l'analyse des eaux de cette fontaine, dont on vante déjà les propriétés merveilleuses, et que le desservant d'une commune voisine est en possession de vieux documents qui lui permettent d'affirmer qu'on se trouve en présence de la source longtemps perdue, qui alimentait jadis les bains de Blancs-Fossés. La fée qui, d'après la légende, transporta trois puits chauds de Lurcy à Bourbon, en aurait-elle oublié un quatrième ? (Voir boulevard Gambetta).

Paris, le 1er août 1897. R. F.

peler qu'en 1565, Catherine de Médicis et Charles IX, se rendant de Blois à Moulins, où ils avaient convoqué une assemblée des Etats [1], couchèrent à Couleuvre. Voici à ce sujet ce qu'Abel Jouan, sommeiller du roi, dans l'itinéraire qu'il donne de ce voyage, a écrit : « Le 20 (décembre), le royal cortège s'arrêta à l'heure du dîner au pont de Chargé ou de Chargy, sur les bords du Sagonnin, et passa la nuit à Couleuvre, pour aller, le lendemain soir, à l'abbaye de Saint-Menoux. »

Des logis de l'époque, *le Dauphin, la Sirenne, la Tête noire, l'Ecu de France,* quel est celui qui eut l'honneur d'abriter les illustres voyageurs ? Abel Jouan ne l'indique pas. Je serais étonné pourtant que ce fut *l'Ecu de France,* malgré son nom prédestiné pour la circonstance, si le portrait qu'un siècle plus tard en a fait Abraham Golnitz est fidèle :

Oyez plutôt :

« En allant de Bourges à Lyon, comme la route royale était ruinée par les pluies, le cheval qui était rompu par les bagages tomba dans les marais..... Le lendemain, la pluie ayant un peu cessé, nous marchâmes, par un chemin empierré, jusqu'à un bourg nommé Couleuvre. Triste logis et qui paraissait toujours sur le point de prendre feu : le bois mis dans le foyer vomissait des flammes par la cheminée qui traversait justement un grenier plein de foin. Il fallut nous mettre à jeter de l'eau sur le feu pour jouir de sa chaleur sans trop de péril. Ce remarquable logis s'appelait l'*Ecu de France* [2]. »

---

(1) C'est dans cette assemblée que fut rédigé le fameux édit appelé *Ordonnance de Moulins,* qui ôta de grands droits aux gouverneurs, entre autres le droit de lever des impôts sans la permission expresse du roi, et celui d'accorder des lettres de légitimation et de grâce.

(2) Abraham Golnitz était un allemand qui visita la France au commencement du XVIIIe siècle et qui laissa une relation de son voyage écrite en latin. Le portrait qu'il fait du *Cheval Blanc,* à Franchesse, où il alla coucher le même jour, est encore moins flatteur : « Tout y était ouvert : « portes et fenêtres, pas de fermetures, pas de vitres ; il y avait là-dedans « des hommes de fort mauvaise mine. »

BILLAUD

Autrefois, la commune de Lurcy était couverte de nombreux étangs, en majeure partie desséchés aujourd'hui au profit de la santé publique et de l'agriculture. Il ne reste plus que l'étang de *Billaud*, qui occupe une superficie de 35 hectares, et les étangs, beaucoup moins importants, des *Bruyères, Buissonnière* et de la *Chaussée*.

La plupart des étangs disparus étaient la source principale de plusieurs petits ruisseaux que leur suppression a considérablement réduits : le *Riau de la Bèze*, l'*Oise* et le ruisseau du *Vernat* à Sezeau, qui se jette dans l'*Anduise*.

L'étang de Billaud donne naissance au ruisseau dit de la *Vieille Forge*, nom que porte également un pont de fer jeté sur ce ruisseau (1) à l'endroit où il coupe le chemin de grande communication n° 1, et une modeste petite propriété rurale située à peu de distance en aval du pont. Là, probablement, existait autrefois une forge qu'on appelait la Vieille Forge, pour la distinguer de la grosse et de la petite forge, les seules dont j'ai trouvé la trace dans les documents à ma disposition et dont l'activité s'est maintenue jusqu'à la fin du XVIIe siècle.

Le moulin de Billaud, monté aujourd'hui d'après les systèmes perfectionnés, est assez important et paraît ancien. « Le 18 juin 1625, fut ensépulturée Michelle Dudebuy, femme de Claude Brossard, *mounier de Béliaud*..... et en 1754, Jean Poulet était meunier de *Bilieau*. » (*Reg. paroiss.*).

---

(1) Ce pont a été établi en 1894, en remplacement d'un ancien pont de bois, dit « à l'américaine », qui datait de 1847.

BLOUX

Lorsque Lurcy n'était qu'une forêt, les premiers qui défrichèrent le sol se construisirent de petites huttes qui prirent le nom de *Loges*, de *Log*, mot celtique, pour bois. On dit que la commune de Loges, près Paris, a la même origine. Ces demeures primitives se sont perpétuées jusqu'à nos jours. La dernière des loges de la commune a disparu vers 1866, mais il y a moins de 50 ans qu'on en voyait dans toutes les campagnes, tantôt isolées, tantôt agglomérées comme à Bloux, dans la partie de la contrée qui a conservé le nom de *Loges de Bloux*.

Le 4 août 1808, le Conseil municipal proposait au préfet, entre autres moyens, de créer des revenus pour « doter les sœurs hospitalières qu'on demandait pour instruire les petites filles, la ferme des Loges qui font section sur les terrains communaux ».

Les écoles du village de Bloux ont été créées en 1882. Elles donnent l'instruction à 60 enfants.

CHEZ BONJEAN

C'est le nom d'un domaine. Autrefois, c'était un village, ainsi qu'il appert de ce passage d'un acte d'inventaire du XVIIe siècle, faisant partie des titres de propriété de la famille Douet-Couleuvre, et que m'a communiqué Mlle Françoise Valanchon-Couleuvre : « Nous nous sommes transportés au *village de la Ville* aultrement *Chez Bonjean* ».

La *Ville*, de *Villa*, doit être pris ici dans le sens de village, métairie, ferme, borde, etc. Deux autres lieux habités de la commune, les hameaux de *Villefroide* et de la *Villeneuve*, n'ont pas d'autre origine.

Chez, de Casa (cabane, maison, chaumière), placé devant des noms de lieux, rappelle ordinairement les propriétaires ou les fondateurs de ces lieux. Indépendamment de *Chez Bonjean*, on trouve encore à Lurcy : Section B du plan cadastral[1], *Chez Dieu* ; section D, *Chez Rouan* ; Section E, *Chez Tronche* et section G, *Chez Bois*.

A propos de *Chez Rouan*, ce nom qu'on voit écrit de diverses manières : *Ruan* (acte d'acquisition du domaine Gatinois, le 13 novembre 1721, par le seigneur de Poligny) ; *Rouer* (Chazaud, « Dictionnaire des noms de lieux habités », page 61) ; *Rohan* (minutes de l'étude Lahure, notaire à Paris, acte de vente de la terre de Lévy du 25 janvier 1823), ne rappellerait-il pas un des trois hommes liges de la terre de Poligny : Jean Becquet, archer, *de Rouen* et Etienne Guillet de la Brie que, par lettres-patentes du 22 septembre 1441, Charles VII anoblit pour être monté les premiers à l'assaut de la tour du Friche, au siège de Pontoise, contre les Anglais ?[2]

LES GENNETAIS, GRAND-VAU[3]

Les Gennetais et Grand-Vau, sous l'ancien régime, étaient deux fiefs nobles avec justice. Ils appartinrent longtemps au même seigneur. On voit encore aux Gennetais des restes de l'ancienne demeure féodale.

Les registres paroissiaux de Lurcy m'ont fourni la plupart des renseignements suivants :

1632 : Balthazar Nizier, seigneur des Gennetais, comparaît dans l'acte qui lui concède, moyennant 1,800 livres, la métairie du Breuil, paroisse d'Augy-sur-Bois[4].

(1) Le plan cadastral de Lurcy a été terminé sur le terrain le 20 novembre 1831.

(2) Ces lettres-patentes d'anoblissement se trouvent dans les archives de Lévy, carton 47.

(3) On trouve dans les anciens titres ce nom écrit de différentes manières : Grandvau, Granvau, Grandvault, Grandvaulx, Grandvaux, etc.

(4) Augy-s/-Aubois, ancienne paroisse du Bourbonnais, aujourd'hui commune du canton de Sancoins, département du Cher.

1640 : Claude Radureau était *receveur* aux Gennetais.

1666 : « Hault et puissant seigneur, messire Claude de Gamache, viguier des Gennetais, présente, le 22 apvril, aux fonts de baptême, sa fille Catherine-Elisabeth Gamache de Rémont, née de son légitime mariage avec haulte et puissante dame Catherine Nizier. » A été parrain Claude Gamache et marraine Gabrielle de Bonneau de la maison des Gennetais. En 1670, une autre fille du dit Claude de Gamache, en danger de mort probablement, et pour cette raison baptisée « en la maison des Gennetais », eut pour parrain « Jehan Couturier, *jardinier* du dit seigneur ».

1688 : Antoine Alaroze était châtelain (juge) de Grand-Vau, et Antoine-Roger Duchesne, greffier de Grand-Vau et des Gennetais.

1753 : Anne Godard, veuve de Pierre Labbe, escuyer, seigneur de Saint-Georges, était dame de la seigneurie des Gennetais et de Grand-Vau.

1763 : Les officiers de la justice des Gennetais donnent ordre de visiter le corps d'un jeune homme de 20 ans trouvé mort à la queue de l'étang de la Chaussée et renvoient le cadavre au curé pour l'inhumer dans le cimetière, suivant le procès-verbal de la levée du dit corps.

1771 : Messire Etienne Labbe, seigneur de Saint-Georges, était seigneur des Gennetais.

MÉSEMBLIN, CHAMPROUX

Mésemblin est devenu tristement célèbre, en l'année 1610, par l'assassinat de Jean de Lévis, comte de Charlus, seigneur de Poligny, époux de la belle Diane du Lude ; de François, son fils, âgé de 15 ans et de Bassignac, son page, par Balthazar de Gadaigne, sieur de Champroux ; le chevalier de Beauregard et Claude de Gadaigne, s[r] de Beauregard, son frère ; Louis de Grivel dit Saint-Aubin ; les sieurs de Ménestou-Couture, frères ; le chevalier de Marchaumont ; les sieurs de Pouzy, de la Buffetière et des Nouettes ; La Motte dit le bâtard de Grossouvre ; Lebut, Meausse et Leroux.

L'assassin, dit Touchard-Lafosse, — il ne parle que du chef de bande, le sieur de Champroux, — « l'assassin fut condamné à la peine capitale ; mais il ne la subit point, ayant pris la fuite à travers les forêts sur un cheval ferré à rebours. L'arrêt qui le condamnait portait en outre que le château de Champroux, qu'il habitait, serait rasé, et qu'au lieu de Mésemblin, où le meurtre avait été commis, une chapelle expiatoire rappellerait cette lugubre catastrophe [1] ». L'arrêt du Parlement spécifiait que cette chapelle serait construite avec les matériaux provenant de la démolition du château de Champroux, en l'honneur de Dieu, de saint Jean-l'Evangéliste, et de saint François [2]. « Il avait été, en outre, affecté à cette chapelle un petit domaine voisin, pour l'entretien d'un chapelain et de la dite chapelle [3] ». Les registres paroissiaux nous ont conservé les noms de plusieurs titulaires de ces bénéfices ; le premier, « messire Jean du Man, chapellin de Mésamblin, inhumé dans la chapelle, le 14 septembre 1623 » ; viennent ensuite : « en mai 1650, vénérable homme messire Léonard de Laval, abbé de Mésanblin, qui comparaît comme parrain de Gabriel Coin ; en 1670, Charles-François Mosnier, prieur de Saint-Vaas, curé du Veurdre, aumônier de Monseigneur le marquis de Lévy ; et enfin, en 1783, Louis Barré, chapelain de Mézamblin ».

Touchard-Lafosse, que j'ai déjà cité, dit encore que « selon la tradition, l'amour et la jalousie entraînèrent le chevalier de Beauregard à commettre cet horrible attentat ». Et il ajoute : « Quel était l'objet de cette double et furieuse passion ? Peut-être Diane de Daillon du Lude, femme du comte assassiné : c'est toutefois ce que nous ne pouvons affirmer ».

Il paraît qu'avant la transformation du château de Lévy en manufacture de porcelaine, on y voyait, dans la salle dite des Maréchaux, une peinture à fresque qui représentait ce tragique événement.

---

(1) *Loire historique*, tome 2, page 317.

(2) Archives de Lévy, carton 43, pièces relatives au procès (1610-1634).

(3) Registre des délibérations municipales, séance du 13 mai 1808.

Une autre tradition veut que le service de la chapelle de Mésemblin était confié au curé de la paroisse, lequel, après avoir officié à Lurcy, ne pouvait dire la messe à la chapelle qu'avec une hostie non consacrée, d'où le nom de *messe en blanc* donné d'abord à l'endroit et que par corruption de mot on appela depuis Mésemblin.

Nous avons vu que la chapelle avait un chapelain en titre pour la desservir et, longtemps avant son érection, on trouve dans les vieux titres ce nom orthographié : *Mésemblin* (1531), *Mesamblein* (1539), *Mesemblyn* (1593) (1), ce qui réduit à néant cette ingénieuse fable montée de toutes pièces par quelqu'écolier d'humeur enjouée. Pour compléter cette digression, j'ajouterai que plusieurs personnes pensent que *Mésemblin* n'est que la métamorphose de *Maison-Blin* qui serait le nom primitif.

La chapelle de Mésemblin était encore debout au commencement du siècle. Le 1er floréal an XII (21 avril 1805), le marquis de Sinéty, malgré l'opposition de l'autorité locale, traita avec un sieur Gilbert Desnoyer pour la démolition de la chapelle, moyennant 600 livres (2) et s'empara du domaine dont le chapelain avait la jouissance (3).

L'origine de la chapelle de Mésemblin m'amène, naturellement, à parler de Champroux qui n'appartient pas à la commune de Lurcy.

Dans le principe, la terre de Champroux était comprise dans la justice de Bourbon.

1312. — Jean de Baserne (4) seigneur de Champroux, mari de Sora, fille de Gauvin de Saint-Aubin, tient son beau-père quitte de 250 livres tournois, sur les 600 livres forte monnaie tournois qui devaient être assignées en

(1) Archives du château de Lévy.

(2) Minutes de l'étude de Me Mage, notaire à Lurcy.

(3) Registre des délibérations municipales, séance du 13 mai 1808.

(4) Les Baserne étaient originaires de la Champagne. Leur établissement dans le Bourbonnais remonterait au temps de Guy de Dampierre, seigneur de Bourbon. Ils devinrent seigneurs de la terre de Champroux. Plusieurs abbesses de Saint-Menoux appartenaient à cette famille.

dot à Sora; et, de son côté, Gauvin de Saint-Aubin autorise son gendre à réduire à 40 les 60 livrées de terre qu'il avait promis d'assigner en douaire à sa future.

1333. — Guillaume de Baserne est sire de Champroux. Son fils Ithier épouse, en 1366, Guicharde de Chouvigny. Les deux filles d'Ithier, Jeanne et Marguerite, épousent, l'une Houdinet de Chasteaulneuf, seigneur de Marcilhat (1396), l'autre, Philippe de Morlat, seigneur d'Aigues-Mortes (1400).

1369.— Régnaud de Tocy-Baserne, ou de Baserne-Tocy, figure dans la liste que Doronville a donné des premiers Chevaliers de l'Ecu d'Or. (1) Un de ses ancêtres avait été régent de Constantinople en l'absence de Baudoin de Courtenay.

1432. — Régnaud de Baserne, peut-être le même que le précédent, accense le port du Veurdre à Simon Perrin. Les armoiries des de Baserne, seigneurs de Champroux, étaient : *De gueules, à trois pals de vair, au chef d'argent chargé d'une fleur de lys au pied nourri de sable.* (Armorial du Bourbonnais.)

1528. — Jacques de Graçay est seigneur de Champroux.

1539. — Acquisition de la terre de Champroux par le chevalier Poyet.

1569. — Hélie Poyet devient acquéreur de la terre de Champroux.

1571. — Charles Gadaigne, sieur de Beauregard est seigneur de Champroux.

1610. — Balthazard de Gadaigne, époux de Renée Clousse (2), est seigneur de Champroux. Meurtrier

(1) Figure aussi sur cette liste le sire de Champroux, que Coiffier dit être de la même famille que Régnaud de Tocy-Baserne (*Histoire du Bourbonnais*, tome 2, page 360). Cet ordre, dont j'ai déjà parlé au chapitre de Lévy, consistait en une ceinture brodée d'or, ayant pour agraffe un écu d'or, sur lequel était gravé le mot « Allen » ; sur la ceinture était écrit cet autre mot : « Espérance », et l'agraffe était émaillée en vert, avec des feuilles de chardon. Tous ces détails sont nécessaires pour expliquer les noms de l'Ecu d'Or, de l'Espérance et du Chardon, donnés à l'ordre du bon Louis II.

(2) En 1607, était séparée avec son mari.

de Jean de Lévy. On voit encore aujourd'hui, au centre du lit de l'ancien étang de Champroux, desséché depuis longtemps, ce qui reste du vieux manoir féodal, rasé à fleur d'eau, aux termes de l'arrêt du Parlement qui en avait ordonné la démolition.

1618. — Diane de Daillon du Lude, veuve de l'infortuné Jean de Lévy, dame de Poligny, fait l'acquisition de la terre de Champroux confisquée sur Balthazard de Gadaigne. Trois ans plus tard, en 1621, elle se fait adjuger pour 12.000 livres la terre d'Avreuil, également confisquée sur le meurtrier de son mari.

De cette époque à 1853, la terre de Champroux resta dépendance de celle de Lévy, mais cette dite année elle devint la propriété de M. Rodolphe Thuret, qui l'eût en partage dans la succession de M. Isaac Thuret, son père. A sa mort, arrivée en 1880, M. Rodolphe Thuret, était maire de Pouzy et conseiller général du canton de Lurcy.

Le village de Champroux a été longtemps un centre industriel : « Un établissement sidérurgique dont on garde à peine le souvenir, — écrivait Camille Lavergne, en *1868* (1), — existait avant 1766, au milieu de la forêt de Champroux ; il se composait d'un haut-fourneau et d'une forge qui furent remplacés à cette époque par une verrerie, aujourd'hui transformée en manufacture de porcelaine. »

En 1766, la forge de Champroux, dite la *grosse forge, la forge de Pouzy* ou *de Champroux*, pour la distinguer la *petite forge*, établie en même temps au village de Beaumont, et d'une troisième beaucoup plus ancienne appelée la *vieille forge* et dont l'emplacement a conservé le nom, n'était plus en activité depuis trois quarts de siècle, mais il restait le haut-fourneau.

Pendant le XVIIe siècle, la forge de Champroux a eu pour fermiers et maîtres de forges Pierre Raffinat, en 1630; Louis Charbon, en 1648; Jean Chamignon, en 1678, et Jean Raffier, en 1684. (2)

(1) *Le Département de l'Allier à l'Exposition universelle de 1867*, page 34.

(2) Registres paroissiaux de Pouzy.

La verrerie de Champroux fut créée en 1767. On l'appela d'abord *verrerie royale* (1) (?), puis « *verrerie de Lévy*, parce que les premiers gentilshommes verriers et leurs fermiers furent logés au château de Lévy, sans doute en attendant que les logements de Champroux, qui leur étaient destinés, fussent achevés. » (2) Toujours est-il que les premières bouteilles fabriquées à Champroux, — j'en possède un spécimen, — portent dans une ovale le mot Lévy, comme cachet de provenance. (3)

D'après une statistique de l'an IX, la verrerie de Champroux annuellement fabriquait 400.000 bouteilles et consommait 2.000 cordes de bois. (4) Elle vécut jusqu'en 1808. Elle eut pour directeurs : en 1767, Paul Dupont ; en 1782, Charles Thibauld ; et en 1787, Alexandre-Nicolas-René Huart de l'Enclos. Nous retrouvons ce dernier, en 1796, président de l'administration municipale du canton de Lurcy.

En 1824, M. Honoré, membre du conseil d'administration de la manufacture royale de Sèvres, créa, sur l'emplacement des anciens bâtiments de la verrerie, une importante fabrique de porcelaine. M. Honoré attira à Champroux les plus habiles ouvriers de Sèvres, et bientôt les produits de cette fabrique furent-ils en grande réputation. Elle occupait, en 1866, 150 ouvriers.

L'école libre mixte, créée par M. Honoré pour les enfants des ouvriers et ceux du village, est, je crois, la première école de hameau établie près d'une manufacture, dans le département de l'Allier, voire même en France. Elle était dirigée, en 1828, par M. Lhomer-Subert. (5) En 1855, année de la mort de M. Honoré, l'école comptait 50 élèves.

(1) Registres paroissiaux de Pouzy.

(2) *Indépendant de l'Allier* du 17 octobre 1°94.

(3) Un acte des registres paroissiaux de Lurcy, en date du 21 février 1790, nous apprend que la verrerie de Champroux, au point de vue du spirituel, appartenait aux paroisses de Pouzy et Couleuvre par année.

(4) Grégoire : l'*Ancien Canton de Lurcy*, page 11.

(5) Registres de l'état civil de Pouzy. Lhomer-Subert était natif de Lurcy. La famille Subert, de toutes les vieilles familles de Lurcy ayant encore des descendants dans le pays, est certainement la plus ancienne. Les registres de l'état civil m'ont permis de relever neuf générations de cette famille, que représentent aujourd'hui les maisons Bérard et Picard.

La fabrique de Champroux, appartenant en dernier lieu à M. Hugues Méténier, fut fermée en 1878. Ses bâtiments ont été depuis démolis.

On remarque à Champroux, au lieu dit les *Bariteaux*, le magnifique chalet habité par Mme Rodolphe Thuret et sa famille.

La forêt de Champroux s'étend sur plusieurs communes. Il existe aux archives de Lévy, carton 15, liasse onzième, une expédition sur timbre d'un procès-verbal de visite et d'arpentage et mesurage général de tous les bois de la forêt de Champroux jusqu'à concurrence de 3.000 arpens, par A.-L.-Gille Charpentier, écuyer, lieutenant particulier des Eaux et Forêts de France, à Paris. Cette expédition forme un volume in-folio broché de 146 feuillets.

Dans la partie de la forêt située sur le territoire de Saint-Plaisir, il existe un chêne de dimension colossale. Il est connu, dans la contrée, sous le nom de *Chêne Jean Dier*. Il mesure 12 mètres de circonférence à sa base et 9 mètres à un mètre du sol. M. Guillaumin, artiste moulinois, qui l'a rencontré au cours d'une excursion qu'il fit dans la forêt, pendant l'été de 1896, en a fixé la silhouette sur la toile et le recommande à la curiosité des amateurs.

NOËL-BOIS.

C'est le nom d'un domaine faisant partie de la section B du plan cadastral et inscrit au dit plan sous cette appellation barbare : *Noix de bois.*

Noël-Bois rappelle-t-il un de ces sanctuaires druidiques, un bois sacré, un bois-Dieu, ou désigne-t-il simplement un nouveau bois ? Les opinions sont partagées entre ceux qui font venir Noël de l'hébreu *Immanouel*, d'où le mot français Emmanuel, qui a le sens de Dieu avec nous, et ceux qui veulent que *Noël* soit la contraction de *nouvel*.

Dans la partie méridionale du département, les bois-Dieu ont conservé l'appellation romane *Baudiers* (Bos-Diex).

NEUREUX

La terre de Neureux appartint successivement aux familles Destrapières, Charbonnier, Amonyn, Giraudeau, Grozieux-de-Laguerène, Russeau, de Sinéty, de Castellane, Thuret, de Bonnefoy et de Laboutresse.

Je n'ai pu me procurer sur Neureux que peu de renseignements. Les voici :

1652 : Gilbert Giraudeau, sieur de Villers, est seigneur de Neureux. (Registres paroissiaux.)

1699-1705. — Etienne Amonyn, avocat en parlement, époux de Catherine Michelon, est seigneur de Neureux. (Registres paroissiaux.)

1738-1744. — Les archives de Lévy, carton 24, possèdent 72 pièces d'un procès entre un sieur Destrapière, seigneur en partie de Neureux et Pierre Ferreyrol, notaire à Lurcy, pour arrérages de cens dus au terrier de Neureux.

1751 : Le fief de Neureux tombe en commise. (Archives de Lurcy.)

1761 : Guillaume Amonyn, trésorier de France en la ville de Moulins, époux de Catherine-Geneviève Hurion, réside à Neureux. (Registres paroissiaux.)

Les Amonnin, seigneurs de Neureux, portaient *d'argent, à l'aigle de sable, au chef d'azur, chargé de trois étoiles d'or. Al. D'or à l'aigle de sable.* (Armorial du Bourbonnais.)

1771 : Russeau de Saint-Placide, seigneur de la Garde, président-trésorier de France au bureau de Moulins, achète Neureux. Il entame un procès avec madame de Sinéty, pour la jouissance de droits honorifiques dans l'église de Neure. Le Présidial et Sénéchaussée du Bourbonnais, le 2 août 1779, rendit une sentence adjugeant ces droits, appartenant au seigneur de Montvrain, à madame de Sinéty, dame de Montvrain.

L'année d'avant, il avait été plus heureux dans le résultat d'un autre procès qu'il avait eu à soutenir contre les fabriciens de l'église de Lurcy, au sujet d'un droit de chapelle qu'ils lui contestaient. Une sentence, du 15 juin 1778, maintint le sieur Russeau dans ce droit en sa qualité de seigneur de Neureux.

1778 : Un sieur Jean Berger, commissaire des droits seigneuriaux, résidait au château de Neureux. (Rénovation du terrier de Pouzy).

1783 : Le marquis de Sinéty achète Neureux et y établit sa résidence.

1793 : Un membre du Conseil de surveillance de Saint-Pierre-le-Moûtier et un administrateur de ce district demandent au Conseil de surveillance de Moulins de faire arrêter Sinéty, prévenu d'avoir pris à Paris et conduit à Neureux et à Lévy toute l'argenterie du frère du tyran. Le Comité délègue aussitôt un agent pour aller avec vingt hommes chercher Sinéty et son argenterie. Il résulte du rapport de cet agent, qu'il avait trouvé fort peu d'argenterie et seulement 5.500 livres en assignats, qui furent versés à la Caisse des impositions. Le cy-devant marquis ne fut pas autrement inquiété. (Voir Grégoire : « L'ancien canton de Lurcy », page 26.)

1823 : Madame Cordélia-Eucharis Greffulhe, épouse de Castellane, achète la terre de Lévy et, partant, Neureux qui en dépendait.

1833 : Cette terre passe entre les mains d'Isaac Thuret.

1834 : Le baron Charles-Antoine-Joseph-Léonce de Bonnefoy achète Neureux. Vingt-deux ans plus tard, il fait reconstruire le château dont il ne change ni l'emplacement ni la forme. La démolition de l'ancien édifice amena quelques découvertes, qui ne sont peut être pas très importantes, mais qui me paraissent présenter assez d'intérêt, néanmoins, pour ne pas être passées sous silence. Voici, à ce sujet, les renseignements que j'ai pris sous la dictée de défunt Antoine Delarse, charpentier à Lurcy ; je n'y changerai rien : « Pendant la démolition de l'ancien château de Neureux, nous avons trouvé, dans un mur d'une chambre, au premier étage, une petite cachette boisée qui renfermait huit bouteilles de vin vieux, et dans une seconde cachette des fioles de médicaments dont une de mercure, et enfin un placard d'un mètre carré dont la porte était recouverte d'une couche de crépissage épaisse de 15 centimètres. Dans la serrure, on avait introduit un clou. Ce placard renfermait beaucoup de papiers écrits qui provenaient,à ce qu'il paraît, du vieux château de Champroux. M. de Bonnefoy qu'on avait fait prévenir, emporta le tout chez lui et nous fit donner du vin, mais pas du si vieux, bien sur, que celui que nous venions de découvrir dans la cachette. ».

Les armoiries des barons de Bonnefoy étaient d'*azur*, à la fasce d'or, accompagnée en chef de deux étoiles de même, et en pointe d'une foy d'argent. (*Armorial du Bourbonnais*).

M. de Bonnefoy a représenté le canton au Conseil général, de 1834 à 1848. Il fut maire de Lurcy, de 1851 à 1858. A sa mort, arrivée à Lurcy le 28 septembre 1858, Neureux, par voie de succession, passa à la famille de Laboutresse.

La terre de Neureux possède deux arbres remarquables à des points de vue différents : le *chêne de Ferrières*, qui doit son nom à sa proximité du domaine de Ferrières, et l'*orme de la Toupie*, qui a pour certificat d'origine une légende locale.

Le chêne de Ferrières est un phénomène de longévité végétale ; on lui donne de cinq à huit siècles d'existence. Il mesure onze mètres de pile et neuf mètres de circonférence à hauteur d'homme ; cet arbre ne paye pas de mine, en raison d'abord de sa position désavantageuse au millieu du bois, mais surtout par suite des outrages du temps ; depuis moins de trente ans, la foudre, en plusieurs fois, l'a dépouillé de deux ou trois de ses maîtresses branches.

L'orme de la Toupie devrait son nom à une circonstance assez bizarre. On rapporte que, vers la fin du dernier siècle, alors que l'arbre était jeune encore, un enfant le coupa pour s'en faire une toupie. Comme il le chargeait sur son épaule pour l'emporter, apparut le garde de la propriété. A sa vue, l'enfant abandonna son larcin et prit la fuite. Le brave garde ramassa l'arbre coupé et le piqua dans un trou de taupe, suivant les uns, dans un *mazier* (nid de fourmis), suivant les autres, toujours est-il dans un endroit où il se trouva si bien qu'il prit racine et devint l'arbre séculaire qu'on admire aujourd'hui.

L'histoire de cet ormeau peut paraître extraordinaire, et cependant elle ne l'est pas davantage que cette autre rapportée par le naturaliste Valmont de Bomare : On prétend, dit-il dans son *Dictionnaire universel d'Histoire naturelle*, « on prétend que l'orme reprend de sa nature si aisément, que des personnes ayant semé des copeaux d'orme dans une pièce de terre labourée, il en a poussé une grande quantité de ces arbres ».

LA PLATRIÈRE

La Plâtrière, à trois kilomètres de Lurcy, sur la route de Valigny, tire naturellement son nom des fabriques de plâtres qui y sont établies. C'était autrefois la chaume Bailly.

Jusqu'à ce jour, les géologistes n'ont pas découvert de gypse, dans le département de l'Allier, ailleurs qu'à Lurcy. La couche est presque horizontale. Elle se divise en trois bancs d'égale épaisseur, séparés par de petites veines de marne grise et des couches de grès rouge. Avant d'arriver à ces bancs, d'une épaisseur de 2^m50, on a dû creuser des puits de 33 à 34 mètres.

En 1896, les propriétaires de l'une des deux usines de la Plâtrière, MM. Perrot frères, ont établi, dans une des galeries souterraines, une immense champignonnière, dont les produits donnent les résultats les plus satisfaisants.

L'école mixte de la Plâtrière, due à l'initiative et à la persévérance du maire actuel, M. Mage, compte 52 élèves (1896).

LA RIVIÈRE

En 1817, qui fut une année de disette, quelques troubles se produisirent au sujet du manque de grain sur les marchés. Le domaine de la Rivière fut envahi « par vingt-deux individus qui se sont fait délivrer soixante doubles décalitres de bléd, qu'ils ont taxé à quatre francs ». (1)

En 1849, M. Kraousse, alors propriétaire de la Rivière, y fit construire une manufacture de porcelaine qui occupait 68 ouvriers (2). Fermée vers 1862, elle fut achetée et remise en activité, en 1872, par M. Edme dit Toulet. Cette seconde existence n'eut qu'une durée de quelques années.

Pendant l'hiver 1870-1871, les batiments de la fabrique de la Rivière servirent de casernement aux célibataires de l'arrondissement de Gannat.

Le 5 janvier 1889, non loin de la Rivière, « un beau mâle adulte de *syrrhapte paradoxal*, courant par terre, a été tué par M. Genin sur un plateau sablonneux appelé la Carelle, à 1.500 mètres environ de Lurcy-Lévy. Il était seul et on avait jamais eu connaissance d'aucun de ces oiseaux dans notre localité » (3).

Ce n'est pas le seul *rara avis* conduit par les perturbations atmosphériques dans nos parages. J'ai vu, en 1890, un milan royal tué à Billaud, et l'on m'a assuré que, vers 1840, M. Devillard, notaire, avait démonté un cygne dans les Bruyères-de-Forêt et que, pendant l'hiver de 1817, un garde du château de Neureux avait capturé deux cormorans à l'étang de Larraut.

---

(1) Lettre du procureur du roi de Moulins au maire de Lurcy, 13 mai 1817.

(2) Archives communales, statistique de 1861.

(3) *Revue scientifique du Bourbonnais* : tome 2, page 41.

LA VALLÉE

Les archives de Lévy possèdent plusieurs titres concernant la Vallée, entre autres :

Deux actes de vente des dîmes de la Vallée, l'un de 1524, l'autre de 1546 ;

Un retrait féodal exercé par Charles de Lévy, seigneur de Poligny, sur la terre de la Vallée (1559) ;

Un inventaire des biens meubles de Jean de Paris, dressé par le bailli de Poligni. (1550) ;

Et un engagement de la terre de la Vallée par Claude de Lévy à Philippe de Cluis, pour 2,000 livres. (1505 à 1591). (1)

On voit encore, non loin du pré dit de la *Plate-forme*, plusieurs restes de l'ancienne maison seigneuriale. Comme toutes les ruines féodales, ces quelques débris jouent nécessairement un rôle dans l'imagination populaire. A certain jour et certaine heure de l'année, les immenses richesses qu'ils recèlent apparaissent à découvert, et l'heureux mortel qui passerait en ce moment pourrait en prendre à satiété. C'est ce que fit un faucheur qui s'était arrêté au milieu de ces ruines pour s'y livrer aux douceurs de la sieste. A son réveil, il vit, étalés à ses pieds des trésors et des trésors ! Il en prit sa charge et vécut depuis dans l'abondance.

(1) Extrait de l'inventaire sommaire des archives de Lévy, dressé par Chazaud, archiviste de l'Allier.

TABLE

TROISIÈME PARTIE. — La Banlieue.

GRAVURES

ERRATA

Page	ligne	au lieu de :	lire :
4,	22,	Waiphes,	*Waipher.*
10,	5,	17,	*21.*
11,	25,	Chazy,	*Chavy.*
13,	20,	1871,	*1771.*
18,	21,	graines,	*grains.*
45,	2,	un jocandale,	*une jocondalle.*
80,	27,	fleur,	*fleurs.*
87,	13,	Française,	*Françoise.*
19,	22	Autre,	autres.
93	27	l'a,	la.
78	25	Laurcy,	Laurey.

Moulins. — Imprimerie F. CHARMEIL, 32, rue de Refembre.

Liste des Souscripteurs

A L'OUVRAGE

NOMS ET PRÉNOMS	PROFESSIONS	DEMEURES
MM.		
Arnoux André	Négociant	Lurcy-Lévy
Arpet	Conductr des Ponts et Chaussées	Roanne (Loire)
Auclair	Id.	Lurcy-Lévy
Auger I. (Mlle)	Propriétaire	Cérilly
Avenièr	Voyageur de comce	Moulins
Barathon Antoine	Charron	Lurcy-Lévy
Bernadat Jacques	Fermier	Neure
Besson	Boucher	Lurcy-Lévy
Boisselier G.	Garçon boucher	Id.
Balleron	Sellier	Id.
Bourdery V. (Mlle)	Propriétaire	Id.
Bonnichon	Instituteur	Saint-Sauvier
Bailly C.	Id.	Couzon
Bétoin	Libraire	Lurcy-Lévy
Bouguin D.	Cafetier	Id.
Berthet	Négociant	Id.
Boutry	Propriétaire	Moulins
Bertrand	Capitaine d'infrie	Montluçon
Beugnant J.	Propriétaire	Lurcy-Lévy
Bérard Gabriel	Id.	Id.
Boutry Charles	Notaire honoraire	Id.
Boutet Camille	Propriétaire	Id.
Barrau de Muratel (de)	Id.	Château de Champroux
Brun	Instituteur en retraite	Saint-Florent
Brun	Maître d'hôtel	Lurcy-Lévy
Compagnat J.	Instituteur	Id.
Chapoutot A.	Dr en médecine	Buxière-les-Mines
Civrais Gilbert	Propriétaire	Lurcy-Lévy
Couleuvre-Augé	Cafetier	Id.
Charles		Moulins
Claudon	Archiviste départl	Id.
Couleuvre V. (Mme)	Propriétaire	Lurcy-Lévy
Coupas Pierre	Professeur	Auch (Gers)
Couleuvre Françoisi	Instituteur	Commentry

NOMS ET PRÉNOMS	PROFESSIONS	DEMEURES
MM.		
CHAVAILLON Pierre	Pharmacien	Saint-Amand (Cher)
CASY Marie (Mlle)	Receveuse des postes en retraite	Ainay-le-Château
DENIZON	Négociant	Lurcy-Lévy
DÉRET Charles	Représentant de commerce.	Cosnes-sur-l'Œil
DESBORDES Benjamin	Propriétaire	Lurcy-Lévy
DESBORDES Antoine	Charcutier	Id.
DESCHAMPS	Instituteur	Vesse
DÉRET Joseph	Plâtrier	Lurcy-Lévy
DEVAUX Louis	Vigneron	Saint-Sauvier
DUBOST (Mme veuve)	Propriétaire	Lurcy-Lévy
DELARSE François	Serrurier	Id.
DÉCANTE Auguste	Médecin-Vétérinre	Id.
DEBORD	Boulanger	Id.
DAMOUR	Avoué	Moulins
DUMAY Gl	Menuisier	Lurcy-Lévy
DUPHLOUX Michel	Charron	Ste-Colombe (Seine-et-Marne)
DESNOIX (abbé)	Curé	Couleuvre
DUBOST	Notaire	Vichy
DELÉLIS Auguste	Propriétaire	Lurcy-Lévy
DUFLOUX aîné	Pépiniériste	Villeneuve
ESMELIN	Ancien notaire	Moulins.
FAY Jules	Négociant	Charenton (Cher)
FAUCHÈRE Louis	Elève à l'Ecole normale supérieure	Saint-Cloud
FILIOLE Léon	Employé de commce	Boulogne-sur-Seine
FOREST Charles	Propriétaire	Bourbon-l'Archambt
FOURNERIS Michel	Id.	Cusset
GAUTHÉ (Mlle J.)	Institutrice	Lurcy-Lévy
GRENIER Etienne	Propriétaire	Id.
GAUGUERY	Horloger	Id.
GILLET Edouard	Quincaillier	Id.
GILLET Augustin	Id.	Sancoins
GILLET Charles	Propriétaire	Lurcy-Lévy
GUILLAUMIN Etienne	Tourneur	Id.
GAUTHIER Fr.	Chef de gare	Charenton (Cher)
GARNIER	Sergent-major	Briançon
HABRIAL François	Négociant	Lurcy-Lévy
JABIN-DUDOGNON (Dr)	Médecin de marine	Lorient

NOMS ET PRÉNOMS	PROFESSIONS	DEMEURES
MM.		
JOURDAIN (Mme Vve)	Propriétaire	La Charité (Nièvre)
JOUDIOUX	Facteur	Le Veurdre
LABROT Alphonse	Entrepreneur	Lurcy-Lévy
LABOURET	Instituteur	St-Germain-des-Fossés
LESTEL Fr.	Instituteur	St-Léopardin-d'Augy
LESTEL Zéphirin	Sous-lieutenant	Madagascar
LAVÉLATTE Francis	Cultivateur	Lurcy-Lévy
LITAUD	Instituteur	Pouzy-Mézangy
LAVERGNE	Inspecteur des Enfants assistés	Moulins
LABROT Félicité (Mme)	Propriétaire	Orléans
LACHAZE Etienne	Juge de paix	Lurcy-Lévy
MARIEN Pierre	Banquier	Moulins
MARAND	Pépiniériste	Villeneuve
MICHOUX	Instituteur	Couleuvre
MÉTÉNIER Auguste	Commis greffier en retraite	Cusset
MÉTÉNIER	Employé de commce	Lurcy-Lévy
MAGE Henri	Notaire	Id.
MAZET	Instituteur	Id.
MÊME Arthur	Porcelainier	Couleuvre
MONTALESCOT (Dr)	Médecin	Lurcy-Lévy
MONTALESCOT O.	Pharmacien	Id.
MATHONNIÈRE	Maréchal-ferrant	Pouzy-Mézangy
MORAND	Café de la Jeune France	Moulins
MÉNIAUX Félix	Mécanicien	Lurcy-Lévy
MAUPLIN	Cocher	Id.
MOUCHET P.	Docteur en médecine	Le Veurdre
MUSSIER (Mme Vve)	Libraire	Lurcy-Lévy
OZIOL	Ancien pharmacien	Saulieu (Côte-d'Or)
PINGUET Baptiste	Cafetier	Lurcy-Lévy
PINGUET Paul	Armurier	Tours
POUGNET	Instituteur	Château
PÉRONNEAU Ant.	Cafetier	Lurcy-Lévy
POUVESLE J.	Receveur des Domaines	Id.
PERRIOT Alfred	Clerc de notaire	Id.
PAIN J.-L.	Contrôleur des Contribut. indir.	Montluçon
PETITJEAN Alfred (Mme)	Propriétaire	Lurcy-Lévy
PETIJEAN O. (Dr)	Médecin	Billancourt (Seine)

NOMS ET PRÉNOMS	PROFESSIONS	DEMEURES
MM.		
PEILLAUD Alexandre	Greffier de la justice de paix	Lurcy-Lévy
PETITJEAN Jean-Marie	Valet de chambre	Id.
PETÉTOT Louis	Cordonnier	Id.
PERCHER	Propriétaire	Meaulne
PÉROT Alexis	Négociant	Lurcy-Lévy
PERRIN-BÉRARD (Mme)	Propriétaire	Id.
PICARD (François)	Huissier	Id.
PICARD Camille	Curé	Neure
PICARD Pierre	Commis de perception	Châteaurenard
QUANTIN V.	Négociant	Lurcy-Lévy
ROCHE	Voyageur de commce	Limoges
ROPITEAU	Libraire	Nevers
ROUSSELOT Pr.	Suppléant du Juge de paix	Lurcy-Lévy
ROUSSELOT A.	Sous-préfet	Pontarlier (Jura)
RACINE Jean	Propriétaire	Charenton (Cher)
ROUTY (Mme Vve)	Id.	Mardié (Loiret)
RAYNAUD	Journalier	Lurcy-Lévy
RACOT	Clerc de notaire	Id.
SIVIGNON (Mme Vve)	Rentière	Id.
SEIX	Percepteur	Id.
SIMONET (abbé)	Aumônier de l'hôpital	Id.
SUBERT (Dr)	Médecin	Nevers
Sœur St-JEAN-BAPte	Suprieure de l'hôpital	Lurcy-Lévy
THURET L. (Mme)	Propriétaire	Château de Champroux
THÉVENIN Claude	Facteur de ville	Lurcy-Lévy
TARTARY Louis	Boulanger	Id.
TREILLE	Instituteur public	Champroux (Pouzy)
TORRETTE Joseph	Ancien percepteur	Lurcy-Lévy
VALANCHON Fr. (Mlle)	Propriétaire	Id.
VEIGNAT fils	Id.	Pouzy-Mézangy
VÉRONA Fortuné-Léon	Comptable	Montluçon
VINCENT Et.	Pharmacien	Lurcy-Lévy
VALLET Désiré	Bourrelier	Id.
VIGIER Antoine	Receveur des Domaines	Varennes-sur-Allier
VINATIER (Mme Vve)	Propriétaire	Lurcy-Lévy
WALDNER (Comte de)	Id.	Château de Lévy

www.ingramcontent.com/pod-product-compliance
Lightning Source LLC
Chambersburg PA
CBHW060141100426
42744CB00007B/854

* 9 7 8 2 0 1 3 7 5 5 9 1 7 *